Das Recht auf Faulheit
und andere Satiren

Querdenker Signet
Die Reihe der Schalke, Spötter, Narren und Utopisten
herausgegeben von Jan Pätzold

Paul Lafargue

Das Recht auf Faulheit und andere Satiren

Berlin 1986

Direktbestellungen nur per Vorausüberweisung auf das Konto 3014300 der Bank für Sozialwirtschaft (10020500).
14 DM plus 1,10 DM Porto und Verpackung.
Kennwort Lafargue

Gneisenaustraße 2a
1000 Berlin 61
☏ (030) 6913094/95
und Herausgeber

ISBN 3-922778-13-5

1. Auflage 1986

Redaktion Klaus Esche, Bettina Sondhauß
Satz Satzinform, Stattbuch Verlag
Druck Oktoberdruck
Buchbinderei Stein
Titel und Layout Klaus Esche
Vertrieb Eigenvertrieb

Inhalt

Das Recht auf Faulheit 7
Widerlegung des ›Rechts auf Arbeit‹ von 1848
Le Droit à la Paresse. Réfutation du ›Droit au Travail‹ de 1848.

Vorwort 7

I Ein verderbliches Dogma 10

II Der Segen der Arbeit 14

III Was aus der Überproduktion folgt 27

IV Ein neues Lied, ein besseres Lied 42

Anhang 49

Die Religion des Kapitals 54
La Religion du Capital

I Der Londoner Kongreß 54

II Katechismus des Arbeiters 63

III Die Predigt der Kurtisane 70

IV Der Hohepriester 82

V Die Gebete des Kapitalisten 98

VI Klagen Hiob Rothschilds, des Kapitalisten 105

Ein verkaufter Appetit 109
L'Appétit vendu

Anmerkungen 129

Nachwort – Über Paul Lafargue und die Satire 146

Bibliographie 166

LE DROIT

A LA

PARESSE

RÉFUTATION

Du Droit au Travail de 1848

PAR

PAUL LAFARGUE

HENRY ORIOL

ÉDITEUR

11, Rue Bertin-Poirée, 11

1883

Das Recht auf Faulheit
Widerlegung des ›Rechts auf Arbeit‹ von 1848

Vorwort

Im Jahre 1849 sagte Herr Thiers als Mitglied der Kommission für den Elementarschulunterricht: »Ich will den Einfluß des Klerus zu einem allgemeinen machen, weil ich auf ihn rechne in der Verbreitung jener gesunden Philosophie, die den Menschen lehrt, daß er hier ist, um zu leiden, und nicht jener anderen Philosophie, die im Gegenteil zum Menschen sagt: Genieße!« Herr Thiers formulierte damit die Moral der Bourgeoisie, deren brutaler Egoismus und deren engherzige Denkart sich in ihm verkörperte.[1]

Als das Bürgertum noch gegen den von der Geistlichkeit unterstützten Adel ankämpfte, pflanzte es das Banner der freien Forschung und des Atheismus auf; kaum aber hatte es sein Ziel erreicht, so änderte es Ton und Haltung; und heute sehen wir es bemüht, seine ökonomische und politische Herrschaft auf die Religion zu stützen. Im 15. und 16. Jahrhundert hatte es fröhlich die Überlieferungen des Heidentums aufgegriffen und das Fleisch und dessen Leidenschaften, diesen »Greuel« in den Augen der christlichen Moral, verherrlicht; heute dagegen, wo es in Reichtum und Genüssen aller Art fast erstickt, will es von den Lehren seiner Denker, der Rabelais und Diderot, nichts wissen und predigt den Lohnarbeitern Enthaltsamkeit. Die kapitalistische Moral, eine jämmerliche Kopie der christlichen Moral, belegt das Fleisch des Arbeiters mit einem Bannfluch: Ihr Ideal besteht darin, die Bedürfnisse des Produzenten auf das geringste Minimum zu reduzieren, seine Genüsse und seine Leidenschaften zu ersticken und ihn zur Rolle einer Maschine zu verurteilen, aus der man ohne Rast und ohne Dank Arbeit nach Belieben herausschindet.

Die revolutionären Sozialisten sind somit vor die Aufgabe gestellt, den Kampf, den einst die Philosophen und Satiriker des Bürgertums gekämpft, wieder aufzunehmen: sie haben wider die Moral und die Soziallehren des Kapitalismus Sturm zu laufen und in den Köpfen der zur Aktion berufenen Klasse die Vorurteile auszurotten, welche die herrschende Klasse gesät hat; sie haben allen Moralitätsheuchlern gegenüber zu verkünden, daß die Erde aufhören wird, das Tal der Tränen für die Arbeiter zu sein, daß in der kommunistischen Gesellschaft, die wir errichten werden – »wenn es geht, friedlich, wenn nicht, mit Gewalt« –, die menschlichen Leidenschaften freien Spielraum haben werden, da alle »von Natur aus gut sind, wir nur ihren falschen und übermäßigen Gebrauch zu vermeiden haben«.[2] Und das wird nur durch das freie Gegenspiel der Leidenschaften und die harmonische Entwicklung des menschlichen Organismus erreicht, »denn«, sagt Dr. Beddoe, »erst wenn eine Rasse das Maximum ihrer physischen Entwicklung erreicht, erreicht sie auch den höchsten Grad von moralischer Kraft und Energie«.

Das war auch die Meinung des großen Naturforschers Charles Darwin.[3]

Die Widerlegung des Rechts auf Arbeit, die ich mit einigen zusätzlichen Anmerkungen neu herausgebe, erschien in der Zeitschrift *L'Egalité* von 1880.

Gefängnis Sainte-Pélagie, 1883.

Paul Lafargue

I
Ein verderbliches Dogma

Laßt uns faul in allen Sachen,
Nur nicht faul zu Lieb' und Wein,
Nur nicht faul zur Faulheit sein.
Lessing

Eine seltsame Sucht beherrscht die Arbeiterklasse aller Länder, in denen die kapitalistische Zivilisation herrscht. Diese Sucht, die Einzel- und Massenelend zur Folge hat, quält die traurige Menschheit seit zwei Jahrhunderten. Diese Sucht ist die Liebe zur Arbeit, die rasende, bis zur Erschöpfung der Individuen und ihrer Nachkommenschaft gehende *Arbeitssucht*. Statt gegen diese geistige Verirrung anzukämpfen, haben die Priester, die Ökonomen und die Moralisten die Arbeit heiliggesprochen. Blinde und beschränkte Menschen, haben sie weiser sein wollen als ihr Gott; schwache und unwürdige Geschöpfe, haben sie das, was ihr Gott verflucht hat, wiederum zu Ehren zu bringen gesucht. Ich, der ich weder Christ noch Ökonom, noch Moralist zu sein behaupte, ich appelliere von ihrem Spruch an den ihres Gottes, von den Vorschriften ihrer religiösen, ökonomischen oder freidenkerischen Moral an die schauerlichen Konsequenzen der Arbeit in der kapitalistischen Gesellschaft.

In der kapitalistischen Gesellschaft ist die Arbeit die Ursache des geistigen Verkommens und körperlicher Verunstaltung. Man vergleiche die von einer ganzen

Schar zweihändiger Knechte bedienten Vollblutpferde in den Ställen eines Rothschild mit den schwerfälligen normannischen Gäulen, welche das Land beackern, den Mistwagen ziehen und die Ernte einfahren müssen. Man betrachte den stolzen Wilden, wenn ihn die Missionare des Handels und die Handlungsreisenden in Glaubensartikeln noch nicht durch Christentum, Syphilis und das Dogma von der Arbeit korrumpiert haben, und dann vergleiche man mit ihnen unsere abgerackerten Maschinensklaven.[4]

Will man in unserem zivilisierten Europa noch eine Spur der ursprünglichen Schönheit des Menschen finden, so muß man zu den Nationen gehen, bei denen das ökonomische Vorurteil den Haß wider die Arbeit noch nicht ausgerottet hat. Spanien, das jetzt allerdings auch aus der Art schlägt, darf sich noch rühmen, weniger Fabriken zu besitzen als wir Gefängnisse und Kasernen; aber des Künstlers Auge weilt bewundernd auf dem kühnen, kastanienbraunen, gleich Stahl elastischen Andalusier; und unser Herz schlägt höher, wenn wir den in seiner durchlöcherten *Capa* majestätisch drapierten Bettler einen Herzog von Ossuna mit *amigo* traktieren hören. Für den Spanier, in dem das ursprüngliche Tier noch nicht ertötet ist, ist die Arbeit die schlimmste Sklaverei.[5] Auch die Griechen hatten in der Zeit ihrer höchsten Blüte nur Verachtung für die Arbeit; den Sklaven allein war es gestattet zu arbeiten, der freie Mann kannte nur körperliche Übungen und Spiele des Geistes. Das war die Zeit eines Aristoteles, eines Phidias, eines Aristophanes, die Zeit, da eine Handvoll Tapferer bei Marathon die Horden Asiens vernichtete, welches Alexander bald darauf eroberte. Die Philosophen des

Altertums lehrten die Verachtung der Arbeit, diese Herabwürdigung des freien Mannes; die Dichter besangen die Faulheit, dieses Geschenk der Götter:

O Melibae, Deus nobis haec otia fecit.[6]

Christus lehrt in der Bergpredigt die Faulheit: »Sehet die Lilien auf dem Felde, wie sie wachsen; sie arbeiten nicht, auch spinnen sie nicht, und doch sage ich Euch, daß Salomo in all seiner Pracht nicht herrlicher gekleidet war.«[7]

Jehovah, der bärtige und sauertöpfische Gott, gibt seinen Verehrern das erhabenste Beispiel idealer Faulheit: nach sechs Tagen Arbeit ruht er auf alle Ewigkeit aus.

Welches sind dagegen die Rassen, denen die Arbeit ein organisches Bedürfnis ist? Die Auvergnaten;[8] die Schotten, diese Auvergnaten der Britischen Inseln; die Galizier, diese Auvergnaten Spaniens; die Pommern, diese Auvergnaten Deutschlands; die Chinesen, diese Auvergnaten Asiens. Welches sind in unserer Gesellschaft die Klassen, welche die Arbeit um der Arbeit willen lieben? Die Kleinbauern und Kleinbürger, welche, die einen auf ihren Acker gebückt, die andern in ihren Butiken vergraben, dem Maulwurf gleichen, der in seiner Höhle herumwühlt, und sich nie aufrichten, um mit Muße die Natur zu betrachten.

Und auch das Proletariat, die große Klasse der Produzenten aller zivilisierten Nationen, die Klasse, die durch ihre Emanzipation die Menschheit von der knechtischen Arbeit erlösen und aus dem menschlichen Tier ein freies Wesen machen wird, auch das Proletariat hat sich, seine Instinkte verleugnend und seinen historischen Beruf verkennend, von dem Dogma der Arbeit verführen lassen. Hart und schrecklich war seine Züchtigung. Alles individuelle und soziale Elend entstammt seiner Leidenschaft für die Arbeit.

(Freundlicherweise vom Internationaal Instituut voor sociale Geschiedenis Amsterdam zur Verfügung gestellt.)

II

Der Segen der Arbeit

Im Jahre 1770 erschien in London eine anonyme Schrift, betitelt: *An essay on trade and commerce*,[9] die zu ihrer Zeit ein gewisses Aufsehen machte. Ihr Verfasser, ein großer Philanthrop, erboste sich darüber, daß »der englische Manufakturpöbel es sich in den Kopf gesetzt, daß ihm als Engländer durch das Recht der Geburt das Privileg zukomme, freier und unabhängiger zu sein als das Arbeitervolk in irgendeinem andren Lande von Europa. Nun, diese Idee, soweit sie auf die Tapferkeit unserer Soldaten einwirkt, mag von einigem Nutzen sein; aber je weniger die Manufakturarbeiter davon haben, desto besser für sie selbst und für den Staat. Arbeiter sollten sich nie für unabhängig von ihren Vorgesetzten halten... Es ist außerordentlich gefährlich, Mobs in einem kommerziellen Staat, wie dem unsrigen, zu ermutigen, wo vielleicht sieben Teile von den acht der Gesamtbevölkerung Leute mit wenig oder keinem Eigentum sind... Die Kur wird nicht vollständig sein, bis unsre industriellen Armen sich bescheiden, sechs Tage für dieselbe Summe zu arbeiten, die sie nun in vier Tagen verdienen.«

So predigte man bereits hundert Jahre vor Guizot die Arbeit als einen Zügel für die edlen menschlichen Leidenschaften.

»Je mehr meine Völker arbeiten, um so weniger Laster wird es geben«, schrieb Napoleon am 5. Mai 1807 aus Osterode. »Ich bin die Autorität,... und ich wäre geneigt zu verfügen, daß sonntags nach vollzogenem Gottesdienst die Geschäfte wieder geöffnet werden und die Arbeiter wieder ihrer Beschäftigung nachgehen sollen.«

Um die Faulheit auszurotten und um den Stolz und Unabhängigkeitssinn zu beugen, schlug der Verfasser des *Essay on trade* vor, die Armen in ideale Arbeitshäuser *(ideal workhouses)* einzusperren, die »Häuser des Schreckens sein müßten, in denen man 14 Stunden pro Tag in der Weise arbeiten sollte, daß nach Abzug der Mahlzeiten volle 12 Arbeitsstunden übrigbleiben«.

12 Arbeitsstunden pro Tag, das Ideal der Philanthropen und Moralisten des 18. Jahrhunderts. Wie weit sind wir über dieses Nonplusultra hinaus! Die modernen Werkstätten sind ideale Zuchthäuser geworden, in welche man die Arbeitermassen einsperrt, und in denen man nicht nur die Männer, sondern auch die Frauen und Kinder zu zwölf- und vierzehnstündiger Zwangsarbeit verdammt![10] Und die Nachkommen der Schrekkenshelden haben sich durch die Religion der Arbeit so weit degradieren lassen, daß sie 1848 das Gesetz, welches die Arbeit in den Fabriken auf 12 Stunden täglich beschränkte, als eine revolutionäre Errungenschaft entgegennahmen; sie proklamierten das *Recht auf Arbeit* als ein revolutionäres Prinzip. Schande über das französische Proletariat![11] Sklaven nur sind einer solchen Erniedrigung fähig. 20 Jahre kapitalistischer Zivilisation müßte man aufwenden, um einem Griechen der heroischen Zeit eine solche Entwürdigung begreiflich zu machen!

Und wenn die Leiden der Zwangsarbeit über das Proletariat hereingebrochen sind, zahlreicher als die

Heuschrecken der Bibel, so ist es dieses selbst gewesen, das sie heraufbeschworen.

Dieselbe Arbeit, welche die Proletarier im Juni 1848 mit den Waffen in der Hand forderten, haben sie ihrer Familie auferlegt; sie haben ihre Frauen, ihre Kinder den Fabrikbaronen ausgeliefert. Mit eigener Hand haben sie ihre häuslichen Herde zerstört, mit eigener Hand die Brüste ihrer Frauen trocken gelegt. Schwangere und stillende Frauen ließen sie in die Fabriken, in die Bergwerke gehen, wo dieselben ihre Nerven zerrütteten, ihr Rückgrat marterten; mit eigener Hand haben sie das Leben und die Kraft ihrer Kinder untergraben. – Schande über Euch, Proletarier! Wo sind jene Gevatterinnen hin mit keckem Mundwerk, frischem Humor und der Liebe zum göttlichen Wein, von denen unsere alten Märchen und Erzählungen berichten? Wo sind die Übermütigen hin, die stets herumtrippelnd, stets anbändelnd, stets singend, Leben säend, wenn sie sich dem Genusse hingaben, ohne Schmerzen gesunde und kräftige Junge zur Welt brachten? Heute haben wir Frauen und Mädchen aus der Fabrik, verkümmerte Blumen mit blassem Teint, mit Blut ohne Röte, mit krankem Magen und erschöpften Gliedmaßen! Ein gesundes Vergnügen haben sie nie kennengelernt und sie werden nicht lustig zu erzählen wissen, wie man sie eroberte. Und die Kinder? 12 Stunden Arbeit für die Kinder. O Elend! Alle Jules Simon von der Akademie der moralischen Wissenschaften, alle jesuitischen Germinys[12] hätten kein den Geist der Kinder mehr verdummendes, ihr Gemüt mehr verderbendes, ihren Organismus mehr zerrüttendes Laster ersinnen können als die

Arbeit in der verpesteten Atmosphäre der kapitalistischen Werkstätten.

Unser Jahrhundert wird das Jahrhundert der Arbeit genannt; tatsächlich ist es das Jahrhundert der Schmerzen, des Elends und der Verderbnis.

Und doch haben die bürgerlichen Ökonomen und Philosophen, von dem peinlich konfusen Auguste Comte bis zum lächerlich klaren Leroy-Beaulieu, die bürgerlichen Schriftsteller, von dem scharlatanhaft romantischen Victor Hugo bis zum naiv albernen Paul de Kock, samt und sonders ekelerregende Loblieder auf den Gott Fortschritt, den ältesten Sohn der Arbeit, angestimmt.[13] Hört man sie, so meint man, das Glück müsse auf Erden herrschen, so sehr fühlt man schon seine Nähe. Sie durchwanderten die Jahrhunderte der früheren Zeiten, um den Staub und das Elend des Feudalismus zu durchwühlen und die Sonne der Gegenwart desto heller erstrahlen zu lassen. Wie sie uns gelangweilt haben, diese Gesättigten, diese Zufriedenen, jüngst noch Teil der Dienerschaft der großen Herren, heute fett besoldete Schriftlakaien der Bourgeoisie; haben sie uns nicht gelangweilt mit dem Landmann des Schönredners La Bruyère?[14] Nun, wir wollen ihnen das glänzende Bild der proletarischen Genüsse im kapitalistischen Fortschrittsjahre 1840 zeigen, wie es von einem der ihrigen geschildert wird, dem Dr. Villermé, Mitglied des Instituts, der 1848 zu jenem Kreis von Gelehrten gehörte (Thiers, Cousin, Passy, der Akademiker Blanqui waren darunter), die den Massen die Plattheiten der Ökonomie und der bürgerlichen Moral beizubringen suchten.

Es ist das gewerblich entwickelte Elsaß, von dem der

Dr. Villermé spricht, das Elsaß der Kästner und Dollfus, dieser Blüten der Philanthropie und des industriellen Republikanismus. Aber bevor der Doktor das Bild des proletarischen Elends vor uns ausbreitet, wollen wir erst hören, wie ein elsässischer Manufakturist, Herr Th. Mieg vom Hause Dollfus, Mieg und Cie., die Lage des Handwerkers unter dem alten Gewerbesystem beschreibt:

»Vor 50 Jahren (1813, als die moderne Maschinenindustrie im Entstehen begriffen war), waren in Mülhausen alle Arbeiter Kinder des Landes, sie bewohnten die Stadt und die umliegenden Dörfer und hatten fast jeder ein Häuschen und oft ein Stückchen Land.«[15]

Das war das goldene Zeitalter des Arbeiters. Indes damals hatte die elsässische Industrie noch nicht die Welt mit ihren Kattunen überschwemmt und ihre Dollfus und Köchlin noch nicht zu Millionären gemacht. Aber 25 Jahre später, als Villermé das Elsaß besuchte, hatte der moderne Minotauros, die kapitalistische Fabrik, bereits das Land erobert; in seiner Gier nach menschlicher Arbeit hatte er die Arbeiter aus ihrem Heim gerissen, um sie besser zu schinden, ihnen besser die Arbeit, die sie enthielten, auspressen zu können. Zu Tausenden liefen die Arbeiter dem Pfeifen der Maschine nach.

»Eine große Zahl«, sagt Villermé, »fünftausend von siebzehntausend, waren infolge der teueren Mieten gezwungen, in den Nachbardörfern Wohnung zu nehmen. Einige wohnten 2 ¼ Wegstunden von der Fabrik entfernt, wo sie arbeiteten.«

»In Mülhausen, in Dornach, begann die Arbeit um fünf Uhr morgens und endete um acht Uhr abends,

Sommer wie Winter... Man muß sie jeden Morgen in die Stadt kommen und jeden Abend abmarschieren sehen. Es gibt unter ihnen eine Menge bleicher, magerer Frauen, die barfüßig durch den Schmutz laufen und, wenn es regnet oder schneit, mangels eines Regenschirms ihre Schürzen oder Unterröcke über den Kopf ziehen, um Hals und Gesicht zu schützen; und eine noch erheblichere Zahl nicht minder schmutziger und abgezehrter junger Kinder, in Lumpen gehüllt, die ganz fettig sind von dem Öl, das aus den Maschinen auf sie herabtropft, wenn sie arbeiten. Diese Kinder, welche die Undurchdringlichkeit ihrer Bekleidung besser vor dem Regen schützt, haben nicht einmal wie die Frauen einen Korb mit Lebensmitteln für den Tag im Arm, sondern sie tragen in der Hand oder verstecken unter ihrem Kittel oder wo sie sonst können, das Stück Brot, das sie ernähren muß, bis sie wieder nach Hause zurückkehren.«

»So gesellt sich zu der Ermüdung durch einen übermäßig langen – denn er beträgt mindestens 15 Stunden – Arbeitstag für diese Unglücklichen noch die durch die langen, oft so beschwerlichen Wege. Infolgedessen kommen sie übermüdet nach Hause und gehen morgens, noch ehe sie ordentlich ausgeschlafen, fort, um pünktlich da zu sein, wenn die Fabrik geöffnet wird.«

Und über die Quartiere, in denen diejenigen sich einpferchen mußten, die in der Stadt wohnten:

»Ich habe in Mülhausen, in Dornach und in den umliegenden Häusern jene elenden Zimmer gesehen, in denen zwei Familien schliefen, jede in einem Winkel auf Stroh, welches auf dem Fußboden ausgebreitet lag und nur durch zwei Bretter zusammengehalten wurde...

Das Elend, in welchem die Arbeiter der Baumwollindustrie im Department Oberrhein leben, ist so groß, daß während in den Familien der Fabrikanten, Kaufleute, Werkdirektoren ungefähr 50 Prozent der Kinder das 21. Jahr erreichen, derselbe Prozentsatz in den Familien der Weberei- und Spinnereiarbeiter bereits vor vollendetem zweiten Jahre stirbt...«

Über die Arbeit in den Werkstätten fügt Villermé hinzu:

»Es ist keine Arbeit, keine Aufgabe, es ist eine Tortur, und man halst dieselbe Kindern von 6 bis 8 Jahren auf... Diese lange tägliche Qual ist es hauptsächlich, welche die Arbeiter in den Baumwollspinnereien entkräftet.«

Und mit Bezug auf die Arbeitsdauer bemerkt Villermé, daß die Sträflinge in den Bagnos nur 10 Stunden, die Sklaven auf den Antillen nur 9 Stunden durchschnittlich arbeiteten, während in Frankreich, das die Revolution von 1789 gemacht, das die pomphaften *Menschenrechte* proklamiert hat, es Manufakturen gibt, wo der Arbeitstag 16 Stunden dauert, von denen den Arbeitern 1 ½ Stunden Eßpausen bewilligt werden.[16]

O über diese jämmerliche Fehlgeburt der revolutionären Prinzipien der Bourgeoisie, über die kläglichen Geschenke ihres Götzen Fortschritt! Die Philanthropen nennen diejenigen, die, um sich auf leichte Art zu bereichern, den Armen Arbeit geben, Wohltäter der Menschheit – es wäre besser, man säte die Pest, man vergiftete die Brunnen, als inmitten einer ländlichen Bevölkerung eine Fabrik zu errichten. Führe die Fabrikarbeit ein, und adieu Freude, Gesundheit, Freiheit – adieu alles, was das Leben schön, was es wert macht, gelebt zu werden.[17]

Die Nationalökonomen werden nicht müde, den Arbeitern zuzurufen: Arbeitet, damit der Nationalreichtum wachse! Und doch war es einer der ihrigen, Destutt de Tracy,[18] der da sagte: »Die armen Nationen sind es, wo das Volk sich wohlbefindet; bei den reichen Nationen ist es gewöhnlich arm.«

Und sein Schüler Cherbulliez setzt hinzu: »Indem die Arbeiter zur Anhäufung produktiver Kapitalien mitwirken, fördern sie selbst den Faktor, der sie früher oder später eines Teils ihres Lohnes berauben wird.«

Aber von ihrem eigenen Gekrächz betäubt und idiotisiert, erwidern die Ökonomen: Arbeitet, arbeitet, um eurer Wohlfahrt willen! Und im Namen der christlichen Milde predigt ein Pfaffe der anglikanischen Kirche, der Reverend Townsend:[19] Arbeitet, arbeitet Tag und Nacht; indem ihr arbeitet, vermehrt ihr eure Leiden, und euer Elend enthebt uns der Aufgabe, euch gesetzlich zur Arbeit zu zwingen. Der gesetzliche Arbeitszwang macht »zu viel Mühe, fordert zu viel Gewalt und erregt zu viel Aufregung; der Hunger ist dagegen nicht nur ein friedlicher, geräuschloser, unermüdlicher Antreiber, er bewirkt auch, als die natürlichste Veranlassung zu Arbeit und Fleiß, die gewaltigste Anstrengung.«

Arbeitet, arbeitet, Proletarier, vermehrt den Nationalreichtum und damit euer persönliches Elend. Arbeitet, arbeitet, um, immer ärmer geworden, noch mehr Ursache zu haben, zu arbeiten und elend zu sein. Das ist das unerbittliche Gesetz der kapitalistischen Produktion.

Dadurch, daß die Arbeiter den trügerischen Redensarten der Ökonomen Glauben schenken und Leib und

Seele dem Laster Arbeit ausliefern, stürzen sie die ganze Gesellschaft in jene industriellen Krisen der Überproduktion, die den gesellschaftlichen Organismus in krankhafte Zuckungen versetzen. Dann werden wegen Überfluß an Waren und Mangel an Abnehmern die Werke geschlossen, und mit tausendsträhniger Geißel peitscht der Hunger die arbeitende Bevölkerung. Betört von dem Dogma der Arbeit sehen die Proletarier nicht ein, daß die Mehrarbeit, der sie sich in der angeblich guten Geschäftszeit unterzogen haben, die Ursache ihres jetzigen Elends ist, und anstatt vor die Getreidespeicher zu maschieren und zu schreien: »Wir haben Hunger, wir wollen essen!... Allerdings haben wir keinen roten Heller, aber ob wir auch Habenichtse sind, wir sind es gewesen, die das Korn eingebracht und die Traube gelesen haben« – anstatt die Lagerhäuser des Herrn Bonnet de Jujurieux, Erfinder der industriellen Klöster, zu belagern und zu rufen: »Hier, Herr Bonnet, sind eure Zwirnerinnen,[20] Hasplerinnen,[21] Spinnerinnen und Weberinnen, sie zittern vor Kälte in ihren geflickten Kattunlappen, daß ein Jude darüber Tränen vergießen könnte, und doch sind sie es, welche die seidenen Roben der Mätressen der gesamten Christenheit gesponnen und gewebt haben. Die Ärmsten konnten bei dreizehnstündiger Arbeit nicht an ihr Äußeres denken, jetzt feiern sie und können in der Seide, die sie verfertigt, selbst einherrauschen. Seit sie ihre Milchzähne verloren, haben sie für euch Reichtümer geschaffen und selbst dabei gedarbt; jetzt haben sie Pause und wollen daher auch ein wenig von den Früchten ihrer Arbeit genießen. Hierher, Herr Bonnet, Ihre Seidenwaren her, Herr Harmel wird seine Musseline auspacken, Herr

Pouyer-Quertier seine Kalikos, Herr Pinet sein Stiefeletten für ihre teuren, kalten und feuchten Füßchen. – Von Kopf bis zu den Füßen eingekleidet und ausgelassen vor Freude, werden sie euch einen Anblick gewähren, wie ihr ihn nicht besser wünschen könnt. Nur keine Ausflucht, – Ihr seid ja doch Menschenfreunde, nicht wahr, und Christen, wie sie im Buche stehen? Stellt euren Arbeiterinnen die Vermögen zur Verfügung, die sie für euch an ihrem eigenen Leib abgedarbt haben. Ihr seid Freunde des Handels? – Fördert den Warenumsatz; hier habt ihr Konsumenten wie gerufen; eröffnet ihnen unbegrenzten Kredit. Ihr müßt dies ja auch gegenüber Geschäftsleuten tun, die ihr zeitlebens nicht gesehen, die euch absolut nichts geschenkt haben, nicht mal ein Glas Wasser. Eure Arbeiterinnen werden bezahlen, wie sie es können: Wenn sie am Fälligkeitstag gambettisieren[22] und ihre Unterschrift platzen lassen, werdet ihr sie für bankrott halten, und wenn sie nichts zum Beschlagnahmen haben, werdet ihr verlangen, daß sie euch mit Gebeten bezahlen: Sie werden euch ins Paradies schicken, besser noch als eure Schwarzkittel, die in Saus und Braus leben.«

Statt in den Zeiten der Krisis eine Verteilung der Produkte und allgemeine Belustigung zu verlangen, rennen sich die Arbeiter vor den Türen der Fabriken die Köpfe ein. Mit eingefallenen Wangen, abgemagertem Körper überlaufen sie die Fabrikanten mit kläglichen Ansprachen: »Lieber Herr Chagot, bester Herr Schneider, geben Sie uns doch Arbeit, es ist nicht der Hunger, der uns plagt, sondern die Liebe zur Arbeit!« – Und, kaum imstande sich aufrechtzuhalten, verkaufen die Elenden 12 bis 14 Stunden Arbeit um die Hälfte billiger als zur Zeit, wo sie noch Brot im Korbe hatten. Und die Herren industriellen Philanthropen benutzen die Arbeitslosigkeit, um noch billiger zu produzieren.

Wenn die industriellen Krisen auf die Perioden der Überarbeit mit derselben Notwendigkeit folgen wie die Nacht dem Tage und erzwungene Arbeitslosigkeit bei grenzenlosem Elend nach sich ziehen, so bringen sie auch den unerbittlichen Bankrott mit sich. Solange der Fabrikant Kredit hat, läßt er der Arbeitswut die Zügel schießen, er pumpt und pumpt, um den Arbeitern den Rohstoff zu liefern. Er läßt drauflosproduzieren, ohne zu bedenken, daß der Markt überfüllt wird und daß, wenn er seine Waren nicht verkauft, er auch seine Wechsel nicht einlösen kann. Sitzt er endlich in der Patsche, fleht er den Juden an, wirft sich ihm zu Füßen, bietet ihm sein Blut, seine Ehre. »Ein klein wenig Gold würde ihm gut tun«, antwortet der Rothschild, »Sie haben 20000 Paar Strümpfe auf Lager, die 20 Sous wert sind; ich werde sie für 4 Sous nehmen.« Ist der Handel gemacht, so verkauft der Jude zu 6 und 8 Sous und steckt lebendige 100 Sousstücke, für die er keinem etwas schuldet, in die Tasche; der Fabrikant aber hat seinen Aufschub nur erlangt, um desto gründlicher zu verkrachen. Endlich tritt der allgemeine Zusammensturz ein und die Magazine laufen über; da werden dann so viel Waren aus dem Fenster herausgeworfen, daß man gar nicht begreifen kann, wie sie zur Tür hereingekommen sind. Nach Hunderten von Millionen beziffert sich der Wert der zerstörten Waren; im vorigen Jahrhundert verbrannte man sie oder warf sie ins Wasser.[23]

Bevor sie sich aber zu dieser Maßregel entschließen, durchlaufen die Fabrikanten die Welt auf der Suche nach Absatzmärkten für die Waren, die sie angehäuft; sie fordern die Annexion des Kongos, sie verlangen die Eroberung Tongkings, sie zwingen ihre Regierung, die Mauern Chinas mit Kanonen zu demolieren, nur damit sie ihre Baumwollartikel absetzen können. In den letzten Jahrhunderten kämpften England und Frankreich ein Duell auf Leben und Tod, wer von den beiden das ausschließliche Privileg haben werde, in Amerika und Indien zu verkaufen. Tausende junger kräftiger Männer haben in den Kolonialkriegen des 16., 17. und 18. Jahrhunderts mit ihrem Blut das Meer gefärbt.

Wie an Waren, so herrscht auch Überfluß an Kapitalien. Die Finanziers wissen nicht mehr, wo dieselben unterbringen; so machen sie sich denn auf, bei jenen glücklichen Völkern, die sich noch Zigaretten rauchend in der Sonne räkeln, Eisenbahnen zu bauen, Fabriken zu errichten und den Fluch der Arbeit zu importieren. Und dieser Kapitalexport endet eines schönen Tages mit diplomatischen Verwicklungen: in Ägypten wären sich Frankreich, England und Deutschland beinahe in die Haare geraten, um sich zu vergewissern, wessen Wucherer zuerst bezahlt werden, und mit Kriegen à la Mexiko, wo man die französischen Soldaten hinschickte, die Rolle von Gerichtsvollziehern zur Eintreibung fauler Schulden zu spielen.[24]

Diese persönliche und gesellschaftliche Misere, so groß und ewig sie auch erscheinen mag, wird verschwinden wie die Hyänen und die Schakale beim Herannahen des Löwen, sobald das Proletariat sagen wird: »Ich will es«. Aber damit ihm seine Kraft bewußt wird, muß das Proletariat die Vorurteile der christlichen, ökonomischen und liberalistischen Moral überwinden; es muß zu seinen natürlichen Instinkten zurückkehren, muß die Faulheitsrechte ausrufen, die tausendfach edler und heiliger sind als die schwindsüchtigen Menschenrechte, die von den metaphysischen Advokaten der bürgerlichen Revolution wiedergekäut werden; es muß sich zwingen, nicht mehr als drei Stunden täglich zu arbeiten, um den Rest des Tages und der Nacht müßig zu gehen und flott zu leben.

Bis hierher war meine Aufgabe leicht; ich hatte nur wirkliche, uns allen leider nur zu gut bekannte Übel zu schildern. Aber das Proletariat zu überzeugen, daß die Parole, die man ihm eingeimpft hat, pervers ist, daß die zügellose Arbeit, der es sich seit Beginn des Jahrhunderts ergeben hat, die schrecklichste Geißel ist, welche je die Menschheit getroffen, daß die Arbeit erst dann eine Würze der Vergnügungen der Faulheit, eine dem menschlichen Organismus nützliche Übung, eine dem gesellschaftlichen Organismus nützliche Leidenschaft sein wird, wenn sie weise reglementiert und auf ein Maximum von drei Stunden täglich beschränkt wird – das ist eine schwierige Aufgabe, die meine Kräfte übersteigt. Nur Physiologen, Hygieniker und kommunistische Ökonomen können sie unternehmen. In den nachfolgenden Zeilen werde ich mich auf den Nachweis beschränken, daß angesichts der modernen Produktionsmittel und ihrer unbegrenzten Vervielfältigungsmöglichkeit die übertriebene Leidenschaft der Arbeiter für die Arbeit matt gesetzt und es ihnen zur Pflicht gemacht werden muß, die Waren, die sie produzieren, auch zu verbrauchen.

III
Was aus der Überproduktion folgt

Ein griechischer Dichter aus der Zeit Ciceros, Antipatros,[25] besang die Erfindung der Wassermühle (zum Mahlen des Getreides) als Befreierin der Sklavinnen und Errichterin des goldenen Zeitalters:

»Schonet der mahlenden Hand, o Müllerinnen, und schlafet sanft! Es verkündet der Hahn euch den Morgen umsonst! Däo hat die Arbeit der Mädchen den Nymphen befohlen, und itzt hüpfen sie leicht über die Räder dahin, daß die erschütterten Achsen mit ihren Speichen sich wälzen, und im Kreise die Last drehen des wälzenden Steins. Laßt uns leben das Leben der Väter, und laßt uns der Gaben arbeitslos uns freun, welche die Göttin uns schenkt.«

Ach die Zeit der Muße, die der heidnische Dichter verkündete, ist nicht gekommen; die blinde, wahnsinnige und menschenmörderische Arbeitssucht hat die Maschine aus einem Befreiungsinstrument in ein Instrument zur Knechtung freier Menschen umgewandelt: die Produktionskraft der Maschine verarmt die Menschen.

Eine gute Arbeiterin verfertigt auf dem Handklöppel gerade fünf Maschen in der Minute; gewisse Klöppelmaschinen fertigen in derselben Zeit dreißigtausend. Jede Minute der Maschine ist somit gleich hundert Arbeitsstunden der Arbeiterin, oder vielmehr, jede Minute Maschinenarbeit ermöglicht der Arbeiterin zehn Tage Ruhe. Was für die Spitzenindustrie gilt, trifft mehr oder minder für alle durch die moderne Mechanik umgestalteten Industrien zu. Was sehen wir aber? Je mehr sich die Maschine vervollkommnet und mit beständig verbesserter Schnelligkeit und Präzision die menschliche Arbeit verdrängt, verdoppelt der Arbeiter, anstatt seine Ruhe entsprechend zu vermehren, noch seine Anstrengungen, als wollte er mit den Maschinen wetteifern. O törichte und mörderische Konkurrenz!

Um der Konkurrenz zwischen Mensch und Maschine freien Lauf zu verschaffen, haben die Proletarier die weisen Gesetze, welche die Arbeit der Handwerker der alten Zünfte beschränkten, abgeschafft, die Feiertage unterdrückt.[26] Meint man aber, daß die Arbeiter, weil sie damals von sieben Tagen der Woche nur fünf arbeiteten, nur von Luft und Wasser gelebt hätten, wie die verlogenen Ökonomen uns vorerzählen? Geht doch! Sie hatten Mußezeit, um die irdischen Freuden zu kosten, um zu lieben und zu scherzen, um vergnügt zu Ehren des lustigen Gottes des Müßiggangs Tafel zu halten. Das grämliche, im Protestantismus verheuchelte England hieß damals das »fröhliche England« (Merry England). Rabelais, Quevedo, Cervantes, die unbekannten Verfasser der pikarischen Romane machen uns das Wasser im Munde zusammenlaufen mit ihren Schilderungen jener monumentalen Schlemmereien,[27] mit denen man sich damals zwischen zwei Schlachten und zwei Verheerungen regalierte und in denen »nichts gespart ward«. Jordaens und die niederländische Schule haben sie uns auf ihren lebenslustigen Gemälden dargestellt. Erhabene Riesenmägen, was ist aus euch geworden? Erhabene Geister, die ihr das ganze menschliche Denken umfaßtet, wo seid ihr hin? Wir sind durch und durch verzwergt und entartet. Die vielen Entbehrungen, die Kartoffel, gefärbter Wein und der preußische Schnaps haben in weiser Verbindung mit Zwangsarbeit unsere Körper erschlafft und unseren Geist verkleinert. Und zur selben Zeit, wo der Mensch seinen Magen zusammenschnürt und die Produktivität der Maschine von Tag zu Tag wächst, wollen uns die Ökonomen die Malthussche Theorie,[28] die Religion der Enthaltsamkeit und das Dogma der Arbeit predigen? Man sollte ihnen lieber die Zunge ausreißen und den Hunden vorwerfen.

Da jedoch die Arbeiterklasse in ihrer Einfalt und Treuherzigkeit sich den Kopf hat verdrehen lassen und sich mit ihrem naiven Ungestüm blindlings in Arbeit und Enthaltsamkeit gestürzt hat, so sieht sich die Kapitalistenklasse zu erzwungener Faulheit und Üppigkeit, zur Unproduktivität und Überkonsum verurteilt. Und wenn die Überarbeit des Proletariers seinen Körper abrackert und seine Nerven zerrüttet, so ist sie für den Bourgeois nicht minder fruchtbar an Leiden.

Die Enthaltsamkeit, zu welcher sich die produktive Klasse hat verurteilen lassen, macht es der Bourgeoisie zur Pflicht, sich der Überkonsumtion der von dieser in Überzahl verfertigten Produkte zu weihen. Zu Anfang der kapitalistischen Produktion, vor etwa ein oder zwei Jahrhunderten, war der Bourgeois noch ein ordentlicher Mann von vernünftigen und friedlichen Sitten: er begnügte sich mit seiner Frau, wenigstens beinahe, er trank nur, wenn er Durst, und aß nur, wenn er Hunger hatte. Er überließ den Höflingen und Hofdamen die noblen Tugenden der Ausschweifung. Heute gibt es keinen Sohn eines Parvenu, der nicht glaubt, er müsse die Prostitution fördern und seinen Körper verquecksilbern, um der Schufterei, der sich die Arbeiter in den Quecksilberminen aussetzen, einen Sinn zu geben.[29] Es gibt keinen Bourgeois, der sich nicht mit Trüffelkapaunen und mit verschifftem Laffite vollstopft, um die Geflügelzüchter von La Flèche und die Winzer des Bordelais zu fördern. Bei diesem Geschäft geht der Körper schnell zugrunde, die Haare werden dünner, die Zähne fallen aus, der Rumpf deformiert, der Bauch schwillt an, die Brust wird asthmatisch, die Bewegungen werden schwerfälliger, die Gelenke steif, die Glieder gichtig. Andere, die zu schwach sind, um die Anstrengung der Ausschweifung zu ertragen, aber mit der gehörigen Dosis philisterhafter Klugmeierei ausgestattet, dörren ihr Gehirn aus, wie die Garnier von der politischen Ökonomie oder die Acollas von der juristischen Philosophie, und hecken dickbändige, schlafsuchterregende Bücher, um die Mußestunden von Schriftsetzern und Buchdruckern auszufüllen.

Die Frauen von Welt führen ein Märtyrerleben. Um die feenhaften Garderoben, bei deren Herstellung die Schneiderinnen sich die Schwindsucht an den Hals arbeiten, zu prüfen und zur Geltung zu bringen, schlüpfen sie den ganzen Tag von einer Robe in die andere; stundenlang liefern sie ihren hohlen Kopf Haarkünstlern aus, die um jeden Preis ihre Leidenschaft für die komplizierte Anordnung falscher Haare befriedigen wollen. Eingeschnürt in ihre Korsetts, die Füße in enge Stiefeletten gezwängt, den Busen in einer Weise entblößt, daß ein Gardeleutnant darüber rot werden könnte, drehen sie sich ganze Nächte hindurch auf ihren Wohltätigkeitsbällen, um einige Sous für die Armen zusammenzubringen. O ihr heiligen Dulderinnen!

Um ihrem doppelten gesellschaftlichen Beruf als Nichtproduzent und Überkonsument nachzukommen, hat die Bourgeoisie nicht nur ihren bescheidenen Bedürfnissen Zwang antun, die ihr seit zwei Jahrhunderten zur Gewohnheit gewordene Arbeitsamkeit sich abgewöhnen und sich einem zügellosen Luxus, der Anstopfung mit Trüffeln, sowie syphilitischen Ausschweifungen ergeben gemußt, sie mußte auch eine enorme Masse Menschen der produktiven Arbeit entziehen, um sich Mitesser zu verschaffen.

Einige Zahlen mögen beweisen, wie kolossal diese Brachlegung von produktiven Kräften ist. Nach dem Zensus von 1861 zählte die Gesamtbevölkerung von England und Wales 20066244 Personen, wovon 9776259 männlich und 10289965 weiblich. Zieht man hiervon ab, was zu alt oder zu jung zur Arbeit, die Frauen, jungen Personen und unproduktive Kinder, dann die *ideologischen* Berufe, wie Regierung, Polizei, Klerus, Stadtverwaltung, Arme, Prostitution, Künste, Wissenschaften etc., ferner alle, deren ausschließliches Geschäft der Verzehr fremder Arbeit in der Form von Grundrente, Zinsen, Dividenden etc., so bleiben in runder Zahl acht Millionen beiderlei Geschlechts und der verschiedenen Alterstufen, mit Einschluß sämtlicher in der Produktion, dem Handel, der Finanz etc. funktionierenden Kapitalisten. Von diesen acht Millionen kommen auf:

Ackerbauarbeiter (mit Einschluß der Hirten und bei Pächtern wohnenden Ackersknechte und Mägde)	1098261
Arbeiter in Baumwoll-, Woll-, Flachs-,	

Hanf-, Seidefabriken und in Strickereien	642 607
Arbeiter in Kohlen- und Metallbergwerken	565 835
Arbeiter in Metallwerken (Hochöfen, Walzwerke etc.)	396 998
Dienende Klasse	1 208 648

»Rechnen wir die in allen Textilfabriken Beschäftigten zusammen mit dem Personal der Kohlen- und Metallbergwerke, so erhalten wir 1 208 442; rechnen wir sie zusammen mit dem Personal aller Metallwerke und Manufakturen, so ist die Gesamtzahl 1 039 605, beidemal kleiner als die Zahl der modernen Haussklaven. Welch erhebendes Resultat der kapitalistisch exploitierten Maschinerie!«[30]

Zu dieser ganzen dienenden Klasse, deren Zahl den Höhegrad der kapitalistischen Zivilisation charakterisiert, müssen wir die zahlreiche Klasse der Unglücklichen hinzurechnen, die sich ausschließlich der Befriedigung der kostspieligen und sinnlosen Bedürfnisse der reichen Klassen widmen: Diamantschleifer, Spitzenarbeiterinnen, Luxusstickerinnen, Galanteriearbeiter, Modeschneider, Ausstatter der Lusthäuser etc.[31]

Einmal in der absoluten Faulheit versunken und von dem erzwungenen Genuß demoralisiert, gewöhnte sich die Bourgeoisie trotz der Übel, welche ihr daraus erwachsen, bald an ihr neues Leben. Mit Schrecken sah sie jeder Änderung der Dinge entgegen. Angesichts der jammervollen Lebensweise, der sich die Arbeiterklasse resigniert unterwarf, und der organischen Verkümmerung, welche die unnatürliche Arbeitssucht zur Folge hat, steigerte sich noch ihr Widerwille gegen jede Auferlegung von Arbeitsleistungen und gegen jede Einschränkung ihrer Genüsse.

Und just zu dieser Zeit setzten es sich die Proletarier, ohne der Demoralisation, welche sich die Bourgeoisie als eine gesellschaftliche Pflicht auferlegt hatte, im geringsten zu achten, in den Kopf, die Kapitalisten zwangsweise zur Arbeit anzuhalten. In ihrer Einfalt nahmen sie die Theorien der Ökonomen und Moralisten über die Arbeit für bare Münze und schickten sich an, die Praxis derselben den Kapitalisten zur Pflicht zu machen. Das Proletariat proklamierte die Parole: *»Wer nicht arbeitet, soll auch nicht essen.«*[32] Im Jahre 1831 erhob sich Lyon für *»Blei oder Arbeit«;* die Juni-Insurgenten von 1848 forderten das *Recht auf Arbeit*; und die Föderierten vom März 1871 bezeichneten ihren Aufstand als die *Revolution der Arbeit.*

Auf diese barbarischen Angriffe wider das bürgerliche Wohlleben und alle bürgerliche Faulheit konnten die Kapitalisten nur mit gewaltsamer Unterdrückung antworten; aber wenn sie auch diese revolutionären Ausbrüche zu unterdrücken vermochten, so wissen sie doch, daß selbst in dem Meere des vergossenen Blutes die absurde Idee des Proletariats, den Müßiggängern und Satten Arbeit aufzuerlegen, nicht ertränkt worden ist; und nur um dieses Unheil abzuwenden, umgeben sie sich mit Soldaten, mit Polizisten, Behörden und Kerkermeistern, die in einer mühseligen Unproduktivität erhalten werden. Heute kann niemand mehr über den Charakter der modernen Heere im unklaren sein; sie sind nur deshalb stehende, um den »inneren Feind« niederzuhalten. So sind die Festungen von Paris und Lyon nicht gebaut worden, um die Stadt nach außen zu verteidigen, sondern um Revolten zu unterdrücken. Ein Beispiel, gegen das es keinen Widerspruch gibt, ist

Belgien, dieses Schlaraffenland des Kapitalismus. Seine Neutralität ist von den europäischen Mächten verbürgt, und trotzdem ist seine Armee, im Verhältnis zur Bevölkerungszahl, eine der stärksten. Ihre glorreichen Schlachtfelder aber sind die Ebenen des Borinage und von Charleroi; in dem Blute von unbewaffneten Bergleuten und Arbeitern pflegt der belgische Offizier seinen Degen zu taufen und seine Epauletten zu fischen. Die europäischen Nationen haben keine Volks- sondern Söldnerarmeen zum Schutze der Kapitalisten gegen die Wut des Volkes, das dieselben zu zehnstündiger Gruben- und Fabrikarbeit verdammen will.

Die Arbeiterklasse hat, indem sie sich den Bauch zusammengeschnürt hat, über Gebühr den Bauch der Bourgeoisie entwickelt, die zu Überkonsum verdammt ist.

Um sich diese schmerzhafte Arbeit zu erleichtern, hat die Bourgeoisie eine Masse Leute von der Arbeiterklasse abgezogen und sie, die bedeutend überlegener sind als jene, die in der nützlichen Produktion verblieben, ihrerseits zu Unproduktivität und Überkonsum verdammt. Aber so groß dieses Heer von unnützen Mäulern, so unersättlich auch seine Gefräßigkeit ist, so genügt es noch immer nicht, um alle Waren zu konsumieren, welche die durch das Dogma von der Arbeit verdummten Arbeiter wie Besessene erzeugen, ohne sie konsumieren zu wollen, ohne sich darum zu kümmern, ob sich überhaupt Leute finden, die sie konsumieren.

Und so besteht, angesichts der doppelten Verrücktheit der Arbeiter, sich durch Überarbeit umzubringen und in Entbehrungen dahinzuvegetieren, das große Problem der kapitalistischen Produktion nicht darin,

Produzenten zu finden und ihre Kräfte zu verzehnfachen, sondern Konsumenten zu entdecken, ihren Appetit zu reizen und bei ihnen künstliche Bedürfnisse zu wecken.

Und da die europäischen Arbeiter, vor Hunger und Kälte zitternd, sich weigern, die Stoffe, die sie weben, zu tragen, den Wein, den sie ernten, zu trinken, so sehen sich die armen Fabrikanten genötigt, wie toll zu den Antipoden zu laufen und dort Leute zu suchen, die sie tragen und trinken. Hunderte von Millionen und Milliarden sind es, welche Europa jährlich nach allen vier Enden der Welt zu Völkern exportiert, die nicht wissen, was sie damit anfangen sollen.[33] Die erforschten Erdteile sind ihnen nicht ausgedehnt genug, daher brauchen sie jungfräuliches Land. Die Fabrikanten Europas träumen Tag und Nacht von Afrika, vom Saharameer, von der Sudanbahn; mit gespannter Aufmerksamkeit folgen sie dem Vordringen der Livingstone, der Stanley, der Du Chaillu, der de Brazza; offenen Mundes lauschen sie den wunderverheißenden Erzählungen dieser mutigen Reisenden. Welch unbekannte Wunder verbirgt nicht dieser »dunkle Erdteil«! Ganze Felder sind mit Elephantenzähnen besät, ganze Flüsse von Palmöl fließen in einem Bett von Goldsand dahin, Millionen von schwarzen Hintern, nackt wie der Schädel von Dufaure oder Girardin, harren des europäischen Kattuns, um den Anstand zu erlernen, harren der Schnapsflaschen und Bibeln, um die Tugenden der Zivilisation kennenzulernen.

Aber alles das reicht nicht: die Bourgeois, die sich anmästen, die Dienstbotenklasse, die zahlreicher ist als die produktive Klasse, fremde und barbarische Völker, die man mit europäischen Waren vollstopft – nichts, nichts vermag die Berge von Produkten zu erschöpfen, welche sich höher und gewaltiger als die Pyramiden Ägyptens auftürmen: die Produktivität der europäischen Arbeiter trotzt allem Konsum, aller Verschleuderung. Die Fabrikanten wissen in ihrer Verwirrung nicht mehr, wo den Kopf lassen, sie können nicht Rohstoffe genug auftreiben, um die wahnsinnige, ausufernde Leidenschaft ihrer Arbeiter für die Arbeit zu befriedigen. Gewisse Wollenfabrikanten kaufen schmutzige, halbverfaulte Lumpen ein und verfertigen daraus ein Tuch, das *Renaissance* genannt wird und so lange hält wie Wahlversprechen. Anstatt der Seidenfaser ihre Einfachheit und natürliche Geschmeidigkeit zu lassen, überläd man sie in Lyon mit Mineralsalzen, die ihr Gewicht geben, sie aber brüchig und wenig brauchbar machen. Alle unsere Produkte sind verfälscht, um ihren Absatz zu erleichtern und ihre Existenzdauer zu verkürzen. Unser Epoche sollte das *Zeitalter der Fälschung* genannt werden, wie die ersten Epochen der Menschheit die Namen *Steinzeit, Bronzezeit,* je nach dem Charakter ihrer Produktion erhielten. Ignoranten zeihen unsere frommen Fabrikanten des Betruges, während sie in Wahrheit nur der Gedanke beseelt, den Arbeitern, die sich nicht dazu entschließen können, mit gekreuzten Armen sich ihres Lebens zu freuen, Arbeit zu geben. Diese Fälschungen, die einzig und allein humanitären Rücksichten entspringen, jedoch den Fabrikanten, die sie praktizieren, famose Profite eintragen, sind zwar für die Qualität der Waren von verderblichster Wirkung, sind zwar eine unerschöpfliche Quelle von Vergeudung menschlicher Arbeit, aber sie kennzeichnen doch die geniale

Philanthropie unserer Bourgeois und die schreckliche Verkehrtheit der Arbeiter, die, um ihre lasterhafte Arbeitssucht zu befriedigen, die Herren Industriellen veranlassen, die Stimme ihres Gewissens zu ersticken und sogar die Gesetze der kaufmännischen Ehrbarkeit zu verletzen.

Und doch, trotz aller Überproduktion, trotz Warenfälschung überfluten die Arbeiter in immer wachsender Menge den Markt und rufen flehentlich: Arbeit! Arbeit! Ihre übergroße Zahl sollte sie veranlassen, ihre Leidenschaft zu zügeln – statt dessen treibt sie sie zur Raserei. Wo sich nur Aussicht auf Arbeit bietet, darauf stürzen sie sich. Sie arbeiten 12, 14 Stunden, um sich nur so recht abschinden zu können; und tags darauf liegen sie wieder auf dem Pflaster und wissen nicht, wie ihre Arbeitssucht befriedigen. Jahr für Jahr treten in allen Industrien mit der Regelmäßigkeit der Jahreszeiten Stockungen ein; auf die für den Organismus mörderische Überarbeit folgt für zwei bis vier Monate absolute Ruhe, und – keine Arbeit, kein Bissen. Wenn denn nun das Arbeitslaster im Herzen der Arbeiter teuflisch eingewurzelt ist, wenn es denn alle anderen natürlichen Instinkte erstickt, und wenn andererseits die von der Gesellschaft erforderte Arbeitsmenge notwendigerweise durch den Konsum und die Menge des Rohmaterials begrenzt ist, warum in sechs Monaten die Arbeit des ganzen Jahres verschlingen? Warum sie nicht lieber gleichmäßig auf die zwölf Monate verteilen, und jeden Arbeiter zwingen, sich das Jahr über täglich mit sechs oder fünf Stunden zu begnügen, anstatt sich während sechs Monaten mit täglich 12 Stunden den Magen zu verderben? Wenn ihnen ihr täglicher Arbeitsanteil gesichert ist, werden die Arbeiter nicht mehr miteinander eifersüchteln, sich nicht mehr die Arbeit aus der Hand und das Brot vom Mund wegreißen; dann werden sie, nicht mehr an Leib und Seele erschöpft, anfangen, die Tugenden der Faulheit zu üben.

Was die Arbeiter, verdummt durch ihr Laster, nicht einsehen wollen: man muß, um Arbeit für alle zu haben, sie rationieren wie Wasser auf einem Schiff in Not. Das haben sogar Industrielle im Interesse der kapitalistischen Ausbeutung selbst verlangt: eine gesetzliche Einschränkung der Arbeitszeit. Im Jahre 1860 erklärte einer der größten Fabrikanten des Elsaß, Herr Bourcart aus Gebweiler vor der gewerblichen Unterrichtskomission, daß »die Arbeit von 12 Stunden übermäßig ist und auf elf Stunden reduziert werden, daß sonnabends die Arbeit um 2 Uhr aufhören sollte. Ich empfehle diese Maßregel, obwohl sie auf den ersten Blick drückend erscheint; wir haben sie in unseren Etablissements seit vier Jahren versucht und stehen uns gut dabei; die Durchschnittsproduktion ist, anstatt zu fallen, gestiegen.«

In seiner Studie *die Maschinen* zitiert Herr F. Passy folgenden Brief eines belgischen Großindustriellen, eines Herrn Ottevaere:

»Obwohl unsere Maschinen dieselben sind wie die der englischen Spinnereien, produzieren sie doch nicht so viel wie sie sollten, und wie dieselben Maschinen in England produzieren, trotzdem dort täglich zwei Stunden weniger gearbeitet wird .... Wir arbeiten *zwei volle Stunden zuviel*; ich bin überzeugt, daß wenn wir statt 13 Stunden nur elf arbeiteten, wir ebenso viel und infolgedessen ökonomischer produzierten.«

Aus anderer Quelle bestätigt Herr Leroy-Beaulieu,

daß »ein großer belgischer Manufakturist die Beobachtung gemacht hat, daß die Wochen, in welche ein Feiertag fällt, keine geringere Produktion aufweisen als die gewöhnlichen Wochen.«[34]

Was das durch die Moralisten versimpelte Volk nicht gewagt hat, hat eine aristokratische Regierung gewagt. Unbekümmert um die hochmoralischen und wirtschaftlichen Einwände der Ökonomen, die gleich Unglücksraben krächzten, daß die Fabrikarbeit um eine Stunde herabsetzen den Ruin der englischen Industrie dekretieren hieße, hat die englische Regierung die zehnstündige Arbeitszeit gesetzlich eingeführt; und nach wie vor ist England das erste Industrieland der Welt.

Die große Erfahrung Englands liegt vor, die Erfahrung einiger intelligenter Kapitalisten liegt vor: sie beweisen unwiderleglich, daß, um die menschliche Produktion zu steigern, man die Arbeitszeit herabsetzen und die Zahl der bezahlten Feiertage vermehren muß, und das französische Volk sieht es immer noch nicht ein. Aber wenn eine jämmerliche Verkürzung um zwei Stunden die englische Produktion um ein Drittel in zehn Jahren erhöht hat,[35] welchen schwindelnden Vormarsch würde eine gesetzliche Verringerung des Arbeitstages auf drei Stunden für die französische Produktion bedeuten? Können die Arbeiter denn nicht begreifen, daß dadurch, daß sie sich mit Arbeit überbürden, sie ihre und ihrer Nachkommenschaft Kräfte erschöpfen, daß sie, abgenutzt, vorzeitig arbeitsunfähig werden, daß sie, aufgesogen und abgestumpft von einem einzigen Laster, nicht mehr Menschen sind, sondern menschliche Wracks, daß sie alle schönen Anlagen in sich ertöten, nur um der rasenden Arbeitssucht willen?

Ach, wie arkadische Papageien plappern sie die Lektionen der Ökonomen nach: »Arbeiten wir, arbeiten wir, um den Nationalreichtum zu vermehren!« O ihr Idioten! Weil ihr zuviel arbeitet, entwickelt sich die industrielle Technik zu langsam. Laßt euer Geschrei und hört einen Ökonomen – es ist kein großes Licht, es ist nur Herr L. Reybaud, den wir glücklicherweise vor einigen Monaten verloren haben:

»Im allgemeinen richtet sich die Revolution in den Arbeitsmethoden nach den Bedingungen der Arbeitskräfte. Solange die Arbeitskräfte ihre Dienste billig anbieten, wendet man sie im Übermaße an; werden sie teurer, so sucht man sie zu sparen.«[36]

Um die Kapitalisten zu zwingen, ihre Maschinen von Holz und Eisen zu vervollkommnen, muß man die Löhne der Maschinen von Fleisch und Bein erhöhen und die Arbeitszeit derselben verringern. Beweise dafür? Man kann sie zu hunderten erbringen. In der Spinnerei wurde die automatische Spinnmaschine (selfacting mule) in Manchester erfunden und angewendet, weil die Spinner sich weigerten, solange zu arbeiten wie früher.

In Amerika bemächtigt sich die Maschine aller Zweige der Agrarproduktion, von der Butterfabrikation bis zum Getreidejäten. Warum? Weil die Amerikaner, frei und faul, lieber tausend Tode sterben möchten, als das Viehleben eines französischen Bauern zu führen. Die im glorreichen Frankreich so mühsame, mit so vielem Bücken verbundene Landarbeit ist im Westen Amerikas ein angenehmer Zeitvertreib in freier Luft, den man sitzend genießt und dabei gemächlich seine Pfeife raucht.

Félix Vallotton (1865-1925), Die Faulheit

IV

Ein neues Lied, ein besseres Lied

Wenn die Herabsetzung der Arbeitszeit der gesellschaftlichen Produktion neue mechanische Kräfte zuführt, so wird die Verpflichtung der Arbeiter, ihre Produkte auch zu verzehren, eine enorme Vermehrung der Arbeitskräfte zur Folge haben. Die von ihrer Mission, Allerweltskonsument zu sein, erlöste Bourgeoisie wird nämlich schleunigst die Menge von Soldaten, Beamten, Dienern, Kupplern usw., die sie der nützlichen Arbeit entzogen hatte, damit sie ihr Konsumieren und Vergeuden helfen, freigeben – das heißt dem Arbeitsmarkt. Dieser wird, wenn alle gesellschaftlichen Kräfte ihm zugeführt werden, so überfüllt sein, daß man ein ehernes Gesetz haben muß, das die Arbeit verbietet; es wird unmöglich sein, für diesen Schwarm bisher unproduktiver Menschen Verwendung zu finden, denn sie sind zahlreicher als die Heuschrecken. Dann wird man an die denken, die für den kostspieligen und nichtsnutzigen Bedarf dieser Leute aufzukommen hatten. Wenn keine Lakaien und Generäle mehr galoniert, keine verheirateten und unverheirateten Prostituierten mehr in Spitzen eingehüllt, keine Paläste mehr eingerichtet und keine Kanonen mehr gegossen zu werden brauchen, dann wird man mittels drakonischer Gesetze die Posamentier-, Spitzen-, Eisen- usw. Arbeiter und Arbeiterinnen im Interesse der Hygiene und der Veredelung der Rasse zu Ruder- und Tanzübungen anhalten, damit sie ihre untergrabene Gesundheit wieder herstellen. Von dem Augenblick an, wo die europäischen Produkte am Ort konsumiert und nicht mehr zum Teufel geschickt werden, werden auch die Seeleute, die Lastträger und die Fuhrleute anfangen, den Daumen drehen zu lernen. Dann werden die glücklichen Südseeinsulaner sich der freien Liebe hingeben können, ohne die Fußtritte der zivilisierten Venus und die Predigten der europäischen Moral zu fürchten.

Noch mehr. Um für alle unproduktiven Kräfte der heutigen Gesellschaft Arbeit zu finden, und die immer weitere Vervollkommnung der Arbeitsmittel zu fördern, wird die Arbeiterklasse ihrem Hang zur Enthaltsamkeit, gleich der Bourgeoisie, Gewalt antun und ihre Konsumfähigkeiten unbegrenzt steigern müssen. Anstatt täglich ein oder zwei Unzen zähes Fleisch zu essen, wenn sie überhaupt welches ißt, wird sie saftige Beefsteaks von ein oder zwei Pfund essen; statt bescheiden einen schlechten Wein zu trinken, katholischer als der Papst, wird sie aus großen, bis an den Rand gefüllten Gläsern Bordeaux und Burgunder trinken, der keiner industriellen Taufe unterzogen ist, und das Wasser dem Vieh überlassen.

Die Proletarier haben sich in den Kopf gesetzt, den Kapitalisten zehn Stunden Schmiede oder Raffinerie aufzuerlegen – das ist der große Fehler, die Ursache der sozialen Gegensätze und der Bürgerkriege. Nicht auferlegen, verbieten muß man die Arbeit. Den Rothschilds, den Says wird erlaubt werden, den Beweis zu liefern, daß sie ihr ganzes Leben lang vollkommene Nichtstuer gewesen sind; und wenn sie versprechen, trotz des allgemeinen Zuges zur Arbeit, als vollkommene Nichtstuer fortzufahren, werden sie auf die Rechnung gesetzt und jeden Morgen ein 20-Francstück für ihre kleinen Vergnügungen erhalten. Die gesellschaftliche Zwietracht verschwindet. Einmal überzeugt, daß man ihnen durchaus nichts Übles antun, sondern sie nur von der Arbeit, Überkonsumenten und Verschleuderer sein zu müssen, befreien will, werden die Kapitalisten und Rentiers die ersten sein, die sich zur Partei des Volkes schlagen. Diejenigen Bourgeois, die unfähig sind, ihre Qualifikation als Nichtsnutze nachzuweisen, wird man ihren Instinkten nachgehen lassen: es existieren genügend abstoßende Berufe, um sie unterzubringen. Dufaure würde die öffentlichen Latrinen reinigen und Galliffet die räudigen Schweine und aufgeblähten Pferde abstechen, die Mitglieder des Gnadenausschusses werden, ins Gefängnis Poissy geschickt, das Vieh anmerken, das zum Schlachten reif ist, die Senatoren, die am Beerdigungspomp hängen, werden die Leichenträger spielen. Für andere wird man Berufe finden, die ihrer Intelligenz entsprechen. Lorgeril, Borglie würden Champagnerflaschen verkorken, doch wird man ihnen einen Maulkorb vorbinden, damit sie sich nicht vollsaufen. Ferry, Freycinet, Tirard würden Wanzen und Ungeziefer der Ministerien und anderer öffentlicher Häuser jagen. Allerdings müßten die letzteren außer Reichweite der Bourgeois gehalten werden, aus Angst vor ihren schlechten Gewohnheiten.

Aber bittere und lange Vergeltung wird man an den Moralisten nehmen, welche die menschliche Natur verdreht haben, an den Heuchlern, Scheinheiligen, Augenverdrehern »und dem anderen derartigen Gesindel, daß sich verstellt, um die Leute zu betrügen. Denn während sie dem einfachen Volk weismachen, sie wären mit geistlicher Betrachtung und Andacht, mit Fasten und

Abkasteien beschäftigt und hielten ihr bißchen Sterblichkeit nur eben so am Leben, lassen sie es sich Gott weiß wie wohl sein, *et Curios simulant, sed bacchanalia vivunt.*[37] Das könnt ihr in großer, leuchtender Schrift von ihren roten Backen, vorausgesetzt, sie pudern sie nicht mit Schwefel, und ihren Beulenbäuchen ablesen.«[38]

An den großen Volksfesten, bei denen, anstatt Staub zu schlucken, wie beim bürgerlichen 15. August oder 14. Juli, die Kommunisten und Kollektivisten die Fläschchen kreisen, die Schinken herumreichen und die Becher hochleben lassen, werden die Mitglieder der Akademie der moralischen und politischen Wissenschaften, die in Frack und Talar einherwandelnden Pfaffen der ökonomischen, katholischen, protestantischen, jüdischen, positivistischen und freidenkerischen Kirche, die Propagantisten des Malthusianismus, der christlichen, altruistischen, unabhängigen oder unterwürfigen Moral, in gelbem Kostüm die Kerzen halten, bis sie sich die Finger verbrennen; bei mit Fleisch, Früchten und Blumen beladenen Tafeln und munteren Frauen werden sie hungern, bei gefüllten Fässern dürsten. Viermal im Jahre, immer beim Wechsel der Jahreszeiten, wird man sie, wie Hunde von Scherenschleifern, in Tretmühlen zehn Stunden lang Wind mahlen lassen. Die gleiche Strafe wird über die Advokaten und Rechtsgelehrten verhängt.

Um die Zeit totzuschlagen, die uns Sekunde für Sekunde tötet, wird man im Reich der Faulheit ständig Schauspiele und Theateraufführungen veranstalten – gefundene Arbeit für unsere bürgerlichen Gesetzgeber. Man wird sie in Truppen organisieren, die auf die Dörfer und Flecken ziehen und Gesetzgebungsvorstellungen aufführen. Generäle in Reitstiefeln die Brust mit Tressen verschnürt und mit Orden und dem Kreuz der Ehrenlegion bedeckt, werden durch die Straßen laufen und die lieben Leute zum Schauen einladen. Gambetta und Cassagnac, sein Kumpan, werden vor der Bude ihre Späßchen aufführen. Cassagnac wird, als Eisenfresser kostümiert, die Augen rollen, den Schnurrbart drehen, Feuer spucken und jedermann mit der Pistole seines Vaters bedrohen, aber, sobald man ihm das Bild von Lullier zeigt, sich in ein Loch stürzen.[39] Gambetta wird über Außenpolitik palavern, über das kleine Griechenland, das ihm was vormacht und Europa in Brand steckt, um die Türkei übers Ohr zu hauen, über das große Rußland, das ihn mit dem Salat, den es mit Preußen anzusetzen verspricht, um den Verstand bringt, und das Westeuropa sämtliche Plagen an den Hals wünscht, um im Osten sein Spiel zu treiben und den Nihilismus im Innern zu erdrosseln; über Herrn von Bismarck, der ihm in seiner großen Güte erlaubte, sich zur Amnestiefrage zu äußern... Dann wird er seinen speckigen, mit der Trikolore bemalten Wanst entblößen, wird die Trommel rühren und die köstlichen kleinen Tierchen, die Fettammern, die Trüffeln, die Gläser voll Margaux und Yquem aufzählen, die er hinunter gestopft hat, um die Landwirtschaft zu ermuntern und die Wähler von Belleville bei Laune zu halten.

In der Bude aber wird man zuerst die *Wahlposse* aufführen.

Vor Wählern mit Holzschädeln und Eselsohren werden Bourgeois-Kandidaten im Bajazzo-Kostüm den politischen Freiheitstanz aufführen, indem sie sich Vorder- und Rückseite mit ihren Wahlprogrammen voller

Versprechungen behängen, mit Tränen in den Augen von den Leiden des Volkes und mit erzener Stimme vom Ruhm Frankreichs reden. Worauf die Köpfe der Wähler im Chor ein kräftiges Iah! Iah! brüllen.

Dann beginnt das große Schauspiel: *Der Diebstahl der Güter der Nation:*

Das kapitalistische Frankreich, ein ungeheuerliches Weib mit rauhem Gesicht und kahlem Schädel, fahler Haut und fettem, aufgedunsenem Körper, liegt gähnend mit glanzlosen Augen auf einem Sofa hingestreckt. Zu ihren Füßen verschlingt der industrielle Kapitalismus, ein Riesenorganismus von Eisen mit einer Affenmaske, mechanisch Männer, Frauen und Kinder, deren herzzerreißende Klagerufe die Luft durchdringen. Die Bank, mit Marderschnauze, Hyänenkörper und Habichtskrallen, stiehlt ihm geschickt Hundert-Sous-Stücke aus der Tasche. Ganze Armeen elender, abgemagerter und in Lumpen gehüllter Proletarier, von Gendarmen mit blanker Klinge eskortiert, von Furien, welche sie mit der Hungerpeitsche geißeln, getrieben, bringen Haufen von Waren aller Art, Fässer Wein und ganze Säcke von Gold und Korn und legen sie dem kapitalistischen Frankreich zu Füßen. Langlois, seine Hose in der einen Hand, in der anderen das Testament Proudhons, das Budgetbuch zwischen den Zähnen, stellt sich an die Spitze der Verteidiger der Güter der Nation und zieht auf Posten.[40] Sobald die Lasten niedergelegt sind, verjagen sie die Arbeiter mit Bajonett- und Kolbenstößen, und öffnen den Händlern, den Industriellen und Bankiers die Pforten. Im wüsten Durcheinander stürzen sich die auf die Wertobjekte, heimsen die Fabrikwaren, die Goldbarren, die Säcke

Getreide ein und leeren die Fässer. Endlich können sie nicht mehr und sinken in ihren Schmutz und in ihr Erbrochenes... Da bricht das Unwetter herein, die Erde wankt in ihren Fugen – die historische Notwendigkeit tritt auf. Mit ehernem Fuß zermalmt sie die Köpfe der sich ihr in den Weg Stellenden, und mit gewaltiger Hand wirft sie das zitternde und angstschweiß-überdeckte kapitalistische Frankreich über den Haufen.

Wenn die Arbeiterklasse sich das Laster, welches sie beherrscht und ihre Natur herabwürdigt, gründlich aus dem Kopf schlagen und sich in ihrer furchtbaren Kraft erheben wird, nicht um die famosen *Menschenrechte* zu verlangen, die nur die Rechte der kapitalistischen Ausbeutung sind, nicht um das *Recht auf Arbeit* zu fordern, das nur das Recht auf Elend ist, sondern um ein ehernes Gesetz zu schmieden, das jederman verbietet, mehr als drei Stunden pro Tag zu arbeiten, so wird die alte Erde, zitternd vor Wonne, in ihrem Inneren eine neue Welt sich regen fühlen... aber wie soll man von einem durch die kapitalistische Moral korrumpierten Proletariat einen männlichen Entschluß verlangen!

Wie Christus, die leidende Verkörperung der Sklaverei des Altertums, erklimmt unser Proletariat, Männer, Frauen und Kinder, seit einem Jahrhundert den rauhen Kalvarienberg der Leiden; seit einem Jahrhundert bricht Zwangsarbeit ihre Knochen, martert ihr Fleisch, zerrütet ihre Nerven; seit einem Jahrhundert quält Hunger ihren Magen und verdummt ihr Gehirn....
O Faulheit, erbarme Du Dich des unendlichen Elends!
O Faulheit, Mutter der Künste und der edlen Tugenden, sei Du der Balsam für die Schmerzen der Menschheit!

Anhang

Unsere Moralisten sind sehr bescheidene Leute. Wenn sie auch das Dogma von der Arbeit erfunden haben, so waren sie doch über den Einfluß desselben auf die Beruhigung der Seele, die Erhebung des Geistes und die gesunde Funktion der Nieren und der übrigen Organe nicht ganz im klaren: sie wollen die Sache erst einmal bei der Volksmasse probieren, das Experiment erst *in anima vili* machen,[41] ehe sie es gegen die Kapitalisten kehren, deren Laster zu entschuldigen und gutzuheißen ihre Mission ist.

Aber Philosophen zu vier Sous das Dutzend, warum denn euer Hirn so quälen, eine Moral auszutüfteln, deren Praktizierung ihr euren Brotgebern nicht anzuraten wagt? Wollt ihr euer Dogma von der Arbeit, auf das ihr euch so viel zugute tut, verhöhnt, verdammt sehen? So schlagt die Geschichte der Alten, die Schriften ihrer Philosophen und ihrer Gesetzgeber nach:

»Ich vermag nicht zu sagen«, schreibt der Vater der Geschichte, Herodot, »ob die Griechen die Verachtung, mit der sie auf die Arbeit blicken, von den Ägyptern haben, weil ich dieselbe Verachtung bei den Thrakern, bei den Skythen, bei den Persern und den Lydern verbreitet finde; mit einem Worte, weil bei den meisten Barbaren diejenigen, welche die Handwerke erlernen, und selbst deren Nachfahren in geringerer Achtung stehen als die übrigen Bürger...; alle Griechen werden in diesen Grundsätzen erzogen, besonders die Lakedämonier.«[42]

»In Athen waren nur die Bürger wirkliche Edle, welche sich mit der Verteidigung und Verwaltung der Gemeinschaft beschäftigten, gleich den wilden Kriegern, von denen sie ihre Abstammung herleiteten. Da sie somit über ihre ganze Zeit frei verfügen mußten, um ihre intellektuelle und körperliche Kraft der Sorge für die Interessen der Republik zu widmen, so übertrugen sie alle Arbeiten den Sklaven. Ebenso durften in Lakedämon selbst die Frauen weder spinnen noch weben, um ihrem Adel keinen Abbruch zu tun.«[43]

Die Römer kannten nur zwei edle und freie Berufe: Landbau und Waffendienst. Alle Bürger lebten von Rechts wegen auf Kosten des Staatsschatzes, ohne daß sie gezwungen werden konnten, für ihren Unterhalt durch eine der *sordidae artes* (»schmutzige Künste«, so nannten sie die Handwerke) aufzukommen, die von Rechts wegen den Sklaven zukamen. Als Brutus der Ältere das Volk aufwiegeln wollte, warf er Tarquinius, dem Tyrannen, namentlich vor, daß er freie Bürger zu Handwerkern und Maurern gemacht habe.[44]

Die alten Philosophen stritten sich über den Ursprung der Ideen, aber sie waren einig, wenn es galt, die Arbeit zu verabscheuen.

»Die Natur«, schreibt Plato in seiner Gesellschaftsutopie, in seiner Musterrepublik, »die Natur hat weder Schuhmacher noch Schmiede geschaffen; solche Beschäftigungen entwürdigen die Leute, die sie ausüben: niedrige Lohnarbeiter, Elende ohne Namen, die durch ihren Stand bereits von den politischen Rechten ausgeschlossen sind. Was die Händler betrifft, die an Lügen und Betrügen gewöhnt sind, so wird man sie in der Gemeinde nur als ein notwendiges Übel betrachten. Der Bürger, der sich durch Handelsgeschäfte erniedrigt, soll für dieses Vergehen bestraft werden. Wird er überführt, so soll er zu einem Jahre Gefängnis verurteilt werden. Bei jedem Rückfall ist die Strafe zu verdoppeln.«[45]

In seiner *Ökonomik* schreibt Xenophon: »Die Leute, die sich mit Handarbeit abgeben, werden nie zu höheren Posten erhoben, und man hat recht. Gezwungen, den ganzen Tag zu sitzen, einige sogar, ein beständiges Feuer auszuhalten, werden die meisten von ihnen es nicht verhindern können, daß ihr Körper sich verunstaltet, und es ist kaum möglich, daß das nicht auch auf den Geist zurückwirkt.«

»Was kann aus einem Laden Ehrenhaftes kommen?« erklärt Cicero, »und was kann der Handel Ehrenvolles hervorbringen? Alles, was Laden heißt, ist eines ehrenhaften Mannes unwürdig..., da die Kaufleute, ohne zu lügen, nichts verdienen können; und was ist schändlicher als die Lüge? Deshalb muß das Gewerbe derer, die ihre Mühe und Geschicklichkeit verkaufen, als niedrig und gemein betrachtet werden, denn wer seine Arbeit für Geld hergibt, verkauft sich selbst und stellt sich auf eine Stufe mit den Sklaven.«[46]

Proletarier, die man durch das Dogma von der Arbeit verdummt hat, hört ihr die Sprache dieser Philosophen, die man euch mit eifersüchtiger Sorge verbirgt? Ein Bürger, der seine Arbeit für Geld hergibt, erniedrigt sich zum Rang eines Sklaven; er begeht ein Verbrechen, das jahrelanges Gefängnis verdient.

Die christliche Heuchelei und der kapitalistische Utilitarismus hatten diese Philosophen des Altertums noch nicht verdorben; da sie für freie Männer lehrten, so sprachen sie unbefangen ihre Gedanken aus. Plato und Aristoteles, diese Riesendenker, denen unsere

Cousin, Caro und Simon,[47] und wenn sie sich auf die Fußspitzen stellen, noch nicht bis an die Knöchel reichen, wollten, daß die Bürger ihrer Idealrepubliken die größte Muße genössen, denn, setzt Xenophon hinzu, »die Arbeit nimmt die ganze Zeit in Anspruch und bei ihr hat man keine Zeit für die Republik und seine Freunde.« Nach Plutarch hatte Lykurg, »der weiseste aller Menschen«, deshalb den großen Anspruch auf die Bewunderung der Nachwelt, weil er den Bürgern der Republik Muße zusprach, indem er ihnen die Ausübung irgendeines Handwerks untersagte.[48]

Aber, werden die Bastiat, Dupanloup, Beaulieu und Konsorten[49] der christlichen und der kapitalistischen Moral antworten, diese Denker, diese Philosophen, predigten die Sklaverei. – Ganz richtig, aber konnte es unter den wirtschaftlichen und politischen Verhältnissen ihrer Epoche anders sein? Der Krieg war der normale Zustand der antiken Gesellschaften; der freie Mensch mußte seine Zeit der Beratung der Staatsangelegenheiten und der Sorge für die Verteidigung widmen; das Handwerk war damals zu unentwickelt und zu hart, als daß man neben seiner Ausübung seinem Beruf als Bürger und Soldat hätte nachgehen können; um Krieger und freie Bürger zu haben, mußten die Philosophen und Gesetzgeber in den heroischen Republiken Sklaven dulden. Aber lobpreisen nicht die Moralisten und Ökonomen des Kapitalismus die moderne Sklaverei, das Lohnsystem? Und was sind es für Leute, denen der kapitalistische Sklave Muße verschafft? Den Rothschild, den Schneider, den Madame Boucicault – unnütze und schädliche Schmarotzer, Sklaven ihrer Laster und ihrer Dienstboten.

»Das Vorurteil der Sklaverei beherrschte den Geist von Aristoteles und Pythagoras«, hat man verächtlich geschrieben, und doch träumte Aristoteles: »Wenn jedes Werkzeug auf Geheiß oder auch vorausahnend das ihm zukommende Werk verrichten könnte, wie des Dädalus Kunstwerke sich von selbst bewegten, oder die Dreifüße des Hephästus aus eigenem Antrieb an die heilige Arbeit gingen, wenn so die Webeschiffe von selbst webten, so bedürfte es weder für den Werkmeister der Gehilfen, noch für die Herren der Sklaven.«[50]

Der Traum des Aristoteles ist heute Wirklichkeit geworden. Unsere Maschinen verrichten feurigen Atems, mit stählernen, unermüdlichen Gliedern, mit wunderbarer, unerschöpflicher Zeugungskraft, gelehrig und von selbst ihre heilige Arbeit; und doch bleibt der Geist der großen Philosophen des Kapitalismus nach wie vor beherrscht vom Vorurteil des Lohnsystems, der schlimmsten aller Sklavereien. Sie begreifen noch nicht, daß die Maschine der Erlöser der Menschheit ist, der Gott, der den Menschen von den *sordidae artes* und der Lohnarbeit loskaufen, der Gott, der ihnen Muße und Freiheit bringen wird.

Die Religion des Kapitals

I
Der Londoner Kongreß

Die Fortschritte des Sozialismus beunruhigen die besitzenden Klassen diesseits und jenseits des Ozeans immer mehr. Es sind daher vor einigen Wochen in London Männer aus allen Weltgegenden zusammengetreten, um gemeinsam zu beraten, welche Mittel am besten geeignet wären, dem bedrohlichen Umsichgreifen der sozialistischen Ideen zu steuern.

Unter den Vertretern der kapitalistischen englischen Bourgeoisie bemerkte man Lord Salisbury, Lord Randolph Churchill, Mr. Chamberlain, den Kardinal Manning, Sir Charles Dilke, und Mr. Herbert Spencer. Bismarck, der durch eine akute Alkoholvergiftung abgehalten war, hatte seinen Busenfreund, den Geheimrat Bleichröder, geschickt. Die Großindustriellen aller Länder, die Vanderbilt, die Gould, die Rothschild, die Soubeyran, die Krupp, die Stumm, die Dollfus, die Dietz-Monnin, die Schneider, die Herzog, die Wörmann, waren entweder in Person anwesend oder hatten Vertreter geschickt. Noch nie hatte man in einer und derselben Versammlung Leute von so verschiedener Nationalität und Gesinnung sich so freundschaftlich die Hände drücken gesehen. Herr Ernst von Eynern setzte sich neben den Bischof Krementz, Gladstone und Salisbury gingen Arm in Arm mit Parnell auf und ab, Eugen Richter plauderte mit Herrn von Puttkamer und Moltke unterhielt sich freundschaftlich mit Deroulede und Ranc über die Möglichkeit eines Revanchekrieges.

Die Sache, die sie zusammengeführt, gebot ihren persönlichen Gefühlen und ihren nationalen Eifersüchteleien Stillschweigen.

Der *päpstliche Legat* ergriff zuerst das Wort:

»Man regiert die Menschen sowohl durch die brutale als durch die geistige Macht. Früher war die Religion die magische Kraft, welche die Gemüter der Menschen beherrschte: sie gebot dem Arbeiter, sich nie zu empören, sie lehrte ihn, für den Schatten die Beute preiszugeben, sein irdisches Elend über den Traum von der himmlischen Glückseligkeit zu vergessen... Aber der Sozialismus, der böse Geist der Neuzeit, treibt den Glauben aus den Köpfen der Menschen und nistet seine Lehre dafür ein; er kündet an, daß er aus der Erde ein Paradies machen werde, und daß das Glück nicht auf das Jenseits verschoben werden soll. Mit pestartiger Verführung ruft er dem Lohnarbeiter zu: »Man bestiehlt dich! Auf, mach' zu! Empöre dich!« Er bereitet die einst so gefügigen und unterwürfigen Arbeitermassen auf eine allgemeine Erhebung vor, welche die bevorrechtete Klasse beseitigen und die Familie aufheben wird, welche den Reichen ihr Eigentum nehmen wird, um es den Armen zu geben, welche die Kunst und die Religion zerstören und die Nacht der Barbarei über die Erde bringen wird. Wie den Feind aller Zivilisation und allen Fortschritts bekämpfen? Welches die Waffen, die gegen den Sozialismus in Anwendung zu bringen sind? Fürst Bismarck, der Schiedsrichter Europas, der Nebukadnezar, der Dänemark, Österreich und Frankreich besiegte, ist von sozialistischen Schustern und Schneidern besiegt worden; die französischen Konservativen haben 1848 und 1871 gleich Fleischern Tausende und Abertausende von Sozialisten niedergemetzelt und aus Paris ein großes Schlachthaus gemacht, und das Blut dieser Riesenschlächtereien ist der Tau gewesen, der den Sozialismus in allen Ländern sprießen gemacht. Das Ungeheuer hat die Probe der brutalen Gewalt überstanden. Was tun?«

Die Gelehrten und Philosophen in der Versammlung, *Paul Bert, Ernst Häckel, Herbert Spencer,* standen einer nach dem anderen auf und schlugen vor, den Sozialismus durch die Wissenschaft zu bändigen.

Seine Eminenz, Herr *Krementz*, Erzbischof von Köln, zuckte die Achseln:

»Aber Eure verfluchte Wissenschaft liefert ja den Sozialisten ihre schneidigsten Argumente.«

»Sie kennen die Naturphilosophie, die wir lehren, nicht«, erwiderte *Herbert Spencer.* »Unsere wissenschaftliche Entwicklungstheorie beweist, daß die niedrigere soziale Stellung der Arbeiter in den unveränderlichen Gesetzen der Natur begründet ist, und daß die Bevorrechteten der höheren Klassen sich fortgesetzt vervollkommnen und schließlich eine neue Rasse bilden werden. Die Menschen dieser Rasse werden in nichts jenen Bestien in Menschengestalt der niedrigeren Rasse gleichen, welche nur mit der Peitsche in der Hand zu regieren sind.«[1]

»Möge Gott verhüten, daß Ihre Entwicklungstheorien jemals in der Arbeiterklasse bekannt werden; sie würden sie in Wut versetzen, sie zur Verzweiflung, diesen Anstiftern aller Volksaufstände, treiben« – unterbrach ihn der Protestantenvereinler *Baumgarten*. »Sie sind in der Tat sehr naiv, wenn Sie sich einbilden, daß man ihre enttäuschende Wissenschaft dem Sozialismus entgegensetzen kann, der den Arbeitern die Gleichheit der Güter und die volle geistige und körperliche Entwicklung aller Menschen verspricht. Wenn wir privilegierte Klasse bleiben und fortfahren wollen, auf Kosten der Arbeiter zu leben, dann müssen wir die Einbildungskraft befriedigen, und, während wir das Menschenvieh scheren, seinen Geist durch bezaubernde Märchen und Luftspiegelungen unterhalten. Die christliche Religion erfüllte diese Aufgabe wunderbar. Sie aber, meine Herren Freidenker, haben sie ihres Glanzes entkleidet.«

»Sie haben Recht, wenn Sie eingestehen, daß Ihre Religion in Mißkredit geraten«, warf ihm *Paul Bert* brutal entgegen, »sie verliert jeden Tag an Boden. Und wenn wir Freidenker, die Ihr ohne alle Überlegung angreift, Euch nicht unter der Hand unterstützten, obwohl wir den Dummen zuliebe uns die Miene geben, als bekämpften wir Euch, wenn wir nicht die Kultusbudgets bewilligten, so würdet Ihr und alle Priester, Pastoren und Rabbiner die heilige Bude schließen und vor Hunger krepieren müssen. Man entziehe den Priestern ihre Bezahlung, und die Religion ist futsch... Ihr beklagt Euch, daß wir nicht in die Messe gehen; aber der Teufel auch, warum hat man uns eine so lächerlich blöde Religion fabriziert! Mit dem besten Willen der Welt kann ich nicht bekennen, daß ich daran glaube, daß eine Taube eine Jungfrau befruchtet habe, und daß aus diesem, wider alle Moral und Naturgeschichte verstoßenden Akt ein Osterlamm hervorgegangen sein soll, das ein beschnittener Jude wurde.«

»Ihre Religion steht nicht einmal mit den Regeln der Grammatik im Einklang«, setzte Herr *Menard-Dorian,* der sich auf seine Sprachreinigung etwas zugute tat, hinzu. »Ein einziger Gott in drei Personen ist zu beständigen Barbarismen verurteilt, wie: *Ich denken, ich schneuzen uns, ich wischen uns...«*

»Meine Herren, wir sind nicht hier, um unsere Glaubensartikel zu diskutieren«, lenkte mit sanftem Vorwurf der Kardinal *Manning* ein, »sondern um uns mit der sozialen Gefahr zu beschäftigen. Sie können, Voltaire und andere wiederholend, die Religion verspotten, aber Sie schaffen damit die Tatsache nicht aus der Welt, daß sie der beste moralische Zügel ist wider die Begehrlichkeiten und Leidenschaften der niedrigen Klassen.«

»Der Mensch ist ein religiöses Tier«, begann mit sentenzhafter Gemessenheit *P. Lafitte,* der Papst des Positivismus. »Die Religion Auguste Comte's enthält weder Taube noch Lamm, aber obwohl unser Gott weder Haare noch Federn hat, ist er doch ein positiver Gott.«

»Ach gehen Sie mir weg«, fuhr ihn *Virchow* an. »Ihr Humanitäts-Gott ist noch weniger reell als der blonde Jesus. Die Religionen unseres Jahrhunderts sind eine soziale Gefahr. Fragen sie Herrn v. Giers, der Ihnen lächelnd zuhört, ob die neugebildeten Sekten in Rußland wie in den Vereinigten Staaten nicht mit Sozialismus und Kommunismus infiziert sind? Ich anerkenne die Notwendigkeit einer Religion, gerade, weil ich Materialist bin; ich gebe auch zu, daß das Christentum, das noch famose Dienste bei den Buschmännern und Papuas tut, für Europa etwas altmodisch ist. Aber wenn wir eine Religion haben müssen, so nehmen wir uns in acht, daß sie kein Plagiat des Katholizismus ist, und daß sie nichts, was nach Sozialismus riecht, an sich hat...«

»Warum«, unterbrach ihn Herr Professor *Hänel* aus Kiel, glücklich, auch ein Wort an den Mann bringen zu können, »warum nicht die theologischen Tugendideale durch die liberalen Idealbegriffe ersetzen? Statt Glaube, Hoffnung, Liebe setze man Freiheit, Gleichheit, Brüderlichkeit. Man könnte noch eine vierte hinzusetzen: Vaterland.«

»Diese Idealbegriffe sind in der Tat die herrlichste Entdeckung unserer Zeit«, nahm jetzt Herr v. *Giers* das Wort. »Sie haben in England, in Frankreich, in Amerika, mit einem Wort, überall, wo man sie anwandte, um die Massen zu leiten, vortreffliche Dienste getan; wir werden uns ihrer eines Tages auch in Rußland bedienen. Sie, meine Herren Westeuropäer, haben uns die Kunst gelehrt, die Massen im Namen der Freiheit zu unterdrücken, im Namen der Gleichheit auszubeuten und im Namen der Brüderlichkeit niederzukartätschen – Sie sind große Meister. Aber diese theologiegemäßen Ideale genügen allein noch nicht, um eine neue Religion zu bilden. Es bleibt noch der höchste Gott zu suchen.«

»Die einzige Religion, die den Bedürfnissen der Jetztzeit entspricht, ist die Religon des Kapitals«, erklärte mit Nachdruck der berühmte Statistiker *Giffen.* »Das Kapital ist der wirkliche allmächtige Gott, der sich in *jeder* Gestalt offenbart; es ist glänzendes Gold und stinkender Guano, Hammelherden und Kaffeeladungen, Lager heiliger Schriften und Ballen pornographischer Bilder, gigantische Maschinen aus härtestem

Stahl und elegante Päckchen ›Gummi-Artikel‹. Das Kapital ist der Gott, den alle Welt kennt, sieht, fühlt, riecht, schmeckt: er existiert für alle unsere Sinne. Er ist der einzige Gott, der noch auf keinen Atheisten gestoßen. Der Prediger Salomo betete ihn an, als alles ihm eitel erschien, Schopenhauer entdeckte berauschende Reize an ihm, als ihm alles Enttäuschung war, und Eduard von Hartmann, der unbewußte Philosoph, ist ihm gegenüber zum bewußten Schriftgläubigen geworden.«

Bleichröder, Gould, Baring, Hope, Rothschild, Worms, alle beschnittenen Christen und unbeschnittenen Juden, der goldenen Internationale klatschten in die Hände und riefen:

»Giffen hat Recht, das Kapital ist Gott, der einzige, lebendige Gott!«

Als die Begeisterung sich endlich gelegt, fuhr Giffen fort:

»Den einen verkündet es seine Anwesenheit in fürchterliche Weise, den andern zart wie eine liebevolle junge Mutter. Wenn das Kapital eine Nation heimsucht, so ist es, als ob ein Orkan auf sie herniederführe, der alles vernichtet und zerstört, was ihm im Wege steht – Menschen wie Tiere, Lebendes wie Totes. Als sich das europäische Kapital in Ägypten niederließ, da ergriff es die Fellahs mit ihrem Zugvieh, ihren Karren und ihren Hacken und versetzte sie, als wären es Strohhalme, nach der Landenge von Suez. Mit seiner eisernen Hand beugte es sie unter das Joch der Frohnarbeit – und, verbrannt von der Sonne, gequält von Hunger und Durst, dem Fieber verfallen, besäten 30 000 mit ihren Knochen die Ufer des Kanals. Das Kapital ergreift die freien und gesunden, kräftigen und heiteren Menschen und sperrt sie zu Hunderttausenden in die Fabriken, in Spinnereien und Bergwerke. Es pumpt ihnen dort das Blut aus – wenn es sie losläßt, sind sie vorzeitig gealtert, skrophulös, blutarm, schwindsüchtig. Die in bezug auf das Ungeheuerliche so fruchtbare menschliche Einbildungskraft hat nie einen Gott zu ersinnen vermocht, der so grausam wäre, so gewaltig, wenn er zürnt. Aber wie vorsorglich und liebevoll ist er gegen seine Erwählten! Für die Lieblinge des Kapitals kann die Erde nicht genug angenehme Dinge hervorbringen. Jeden Tag erfindet es neue Genüsse für sie; es produziert neue Blumen und neue Früchte, es ersinnt neue Gerichte, um ihren übersättigten Gaumen zu reizen, es verschafft ihnen blühende Kinder, um ihre erschlafften Sinne zu stacheln. Tote und lebende Gegenstände – alles gehört ihnen.«

Und der Kardinal Manning und der Pessimist Hartmann und Virchow und Häckel, und Spencer und Chamberlain – alle applaudierten:

»Das Kapital ist Gott!«

»Das Kapital kennt weder Grenzen noch Nationalitäten, weder Rassen noch Geschlechter, es ist der internationale Gott, der Gott aller; er wird die Kinder der Menschen unter sein Gesetz beugen«, rief begeistert der päpstliche Legat. »Brechen wir mit allen Religionen der Vergangenheit, vergessen wir allen Hader, alle unsere Differenzen! Einigen wir uns in Herz und Geist, um die Dogmen des neuen Glaubens auszuarbeiten: der **Religion des Kapitals**.«

Der Londoner Kongreß, der in der Weltgeschichte epochemachend sein wird wie die großen Konzilien, auf denen die katholische Religion ausgearbeitet wurde, tagte zehn Tage; er beauftragte eine Kommission, aus Vertretern aller Nationalitäten bestehend, die Protokolle zu redigieren und die entwickelten Ansichten und Ideen zu einem Lehrsystem auszuarbeiten. Es ist uns gelungen, verschiedene Arbeiten dieser Kommission uns zu verschaffen, die wir hiermit der Öffentlichkeit übergeben.

II
Katechismus des Arbeiters

Frage: Wie heißt Du?

Antwort: Lohnarbeiter.

Frage: Wer sind deine Eltern?

Antwort: Mein Vater war Lohnarbeiter, mein Großvater auch, und mein Urgroßvater ebenso. Aber meine Vorväter waren Leibeigene und Sklaven. Meine Mutter heißt Armut.

Frage: Wo bist du geboren?

Antwort: In einer Mansarde unter dem Dachstuhl eines Hauses, das mein Vater und seine Kameraden gebaut.

Frage: Was ist deine Religion?

Antwort: Die Religion des Kapitals.

Frage: Welche Pflichten legt dir deine Religion auf?

Antwort: Zwei hauptsächlich: die Pflicht der Entsagung und die Pflicht der Arbeit.

Meine Religion gebietet mir, meinen Rechten zu entsagen auf Eigentum an der Erde, unserer gemeinsamen Mutter, an den Reichtümern ihres Innern, an dem Ertrag ihrer Oberfläche, an ihrer wunderbaren Befruchtung durch Sonnenlicht und -wärme; sie gebietet mir, meinen Rechten zu entsagen auf Eigentum an dem Produkt der Arbeit meiner Hände und meines Gehirns.

Meine Religion gebietet mir, von Kindheit an bis zu meinem Tode zu arbeiten – beim Sonnenlicht und beim Licht des Gases oder der Elektrizität, Tag und Nacht; zu arbeiten auf der Erde, unter der Erde und auf dem Meere, immerdar und überall.

Frage: Legt dir die Religion nach andere Pflichten auf?

Antwort: In Entbehrungen zu leben. Meinen Hunger nur zur Hälfte zu stillen, alle meine fleischlichen Bedürfnisse einzuschränken und alle meine geistigen Bestrebungen zu unterdrücken.

Frage: Verbietet dir deine Religion gewisse Nahrung?

Antwort: Sie verbietet mir, Wildbret, Geflügel, Rindfleisch erster, zweiter oder dritter Qualität zu berühren, Lachs, Hummer oder feinere Fischsorten zu kosten; sie verbietet mir, Naturweine zu trinken oder Branntwein aus Wein gebrannt, sowie Milch, wie sie von der Kuh kommt.

Frage: Was für Nahrung erlaubt sie dir?

Antwort: Brot, Kartoffeln, Bohnen, Hering, Kuh- und Pferdefleisch, Fleischereiabfälle und ordinäre Wurstware. Damit ich meine erschöpften Kräfte schnell wieder hebe, erlaubt sie mir, gefälschten Wein, Kartoffelschnaps oder Rachenputzer zu trinken.

Frage: Welche Pflichten gegen dich selbst legt dir deine Religon auf?

Antwort: Meine Ausgaben einzuschränken, eng und dürftig zu wohnen, zerrissene, zerstückelte und geflickte Kleider zu tragen und sie abzunutzen, bis sie fadenscheinig mir in Fetzen vom Leib fallen. Ohne Strümpfe in zerrissenen Schuhen zu laufen, durch deren Löcher das eisigkalte, schmutzige Wasser der Straße dringt.

Frage: Welche Pflichten gegen deine Familie legt sie dir auf?

Antwort: Meiner Frau und meinen Töchtern jede Koketterie, jede Eleganz und jeden Geschmack zu untersagen, sie in gewöhnliche Stoffe so zu kleiden, daß es genügt, um das Schamgefühl der Straßenpolizei nicht zu verletzen. Sie zu lehren, wie man im Winter in Kattunfahnen nicht zittert und im Sommer in Dachstuben unter Zinkdächern nicht unter den glühenden Strahlen der Hundstagssonne erstickt. Meinen Kleinen die heiligen Prinzipien der Arbeit einzuprägen, damit sie von frühester Jugend an ihren Unterhalt verdienen und nicht der Gesellschaft zur Last fallen: sie zu lehren, ohne Licht und ohne Abendessen schlafen zu gehen, und sie an das Elend zu gewöhnen, welches ihr Los im Leben ist.

Frage: Welche Pflichten gegen die Gesellschaft legt sie dir auf?

Antwort: Den Nationalreichtum zu vermehren. Erstens durch meine Arbeit und zweitens durch meine Ersparnisse, sobald ich mir solche machen kann.

Frage: Was gebietet sie dir, mit deinen Ersparnissen zu tun?

Antwort: Sie in der Staatssparkasse zu deponieren, damit sie dazu dienen, das Staatsbudget in's Gleichgewicht zu bringen,[2] sie den von menschenfreundlichen Finanziers gegründeten Gesellschaften anzuvertrauen, damit diese sie an unsere Prinzipale leihen. Wir müssen unsere Ersparnisse stets zur Verfügung unserer Herren halten.

Frage: Erlaubt dir deine Religion, deine Ersparnisse anzurühren?

Antwort: So selten wie möglich; aber sie empfiehlt uns, nicht darauf zu bestehen, wenn der Staat die Rückzahlung verweigert,[3] und ruhig Verzicht zu leisten, wenn die menschenfreundlichen Finanziers in weiser

Voraussicht unseren Forderungen zuvorgekommen sind und uns mitteilen, daß unsere Ersparnisse in Rauch aufgegangen sind.

Frage: Wer ist dein Gott?

Antwort: Das Kapital.

Frage: Existiert er von Ewigkeit an?

Antwort: Unsere gelehrtesten Priester, die offiziellen Ökonomen, sagen, daß er von Anfang der Welt an existiert; damals war er indes noch ganz klein, daher usurpierten Jupiter, Jehovah, Jesus und die anderen Götter seinen Thron. Aber seit dem Jahre 1500 ungefähr ward er von Tag zu Tag größer an Macht und Herrlichkeit, und heute lenkt er die Welt nach seinem Willen.

Frage: Ist dein Gott allmächtig?

Antwort: Ja. Seine Gnade verleiht alle Genüsse der Erde. Wenn er sein Antlitz von einem Menschen, einer Familie, einem Lande abwendet, so müssen sie in Kummer und Elend ihr Dasein fristen. Die Macht des Gottes Kapital wächst mit dem Umfang seiner Masse: täglich erobert er neue Länder, täglich vergrößert er die Schar seiner Diener, die ihr Leben der Aufgabe weihen, seine Masse zu vermehren.

Frage: Welches sind die Auserwählten deines Gottes?

Antwort: Die Kapitalisten – Kaufleute, Fabrikanten, sowie Rentiers.

Frage: Wie belohnt dein Gott dich?

Antwort: Indem er mir, meiner Frau und meinen Kindern bis zum Kleinsten täglich zu arbeiten gibt.

Frage: Ist das deine einzige Belohnung?

Antwort: Nein. Unser Gott gestattet uns auch, unseren Hunger dadurch zu stillen, daß wir vor den Schaufenstern mit den Augen die herrlichsten Braten und Delikatessen verschlingen, die wir nie gekostet haben, nie kosten werden, weil sie nur da sind zur Nahrung für die Auserwählten und die heiligen Priester. Seine Güte erlaubt uns auch, unsere vor Kälte erstarrten Gliedmaßen dadurch zu erwärmen, daß wir die molligen Pelzwaren und die dicken Tuchsachen bewundern, in welche sich die Auserwählten und die Priester allein hüllen dürfen. Sie gewährt uns auch das überaus hohe Vergnügen, auf den Hauptstraßen und Luxusplätzen unsere Augen an dem Anblick der heiligen Schar der Kapitalisten und Rentiers zu weiden, wie sie dick und fett, galonierte Lakaien hinter sich und bemalte Horizontalen neben sich, in glänzenden Karossen vorüberfahren.

Frage: Gehören die Auserwählten einer anderen Rasse an als du?

Antwort: Fabrikanten und Rentiers sind vom selben Ton geknetet wie ich; aber sie sind auserwählt unter Tausenden und Millionen.

Frage: Was haben sie getan, um diese Erhöhung zu verdienen?

Antwort: Nichts. Unser Gott bekundet seine Allmacht, indem er seine Gunst denen zuwendet, die sie nicht verdient haben.

Frage: Dein Gott ist also ungerecht?

Antwort: Das Kapital ist die Gerechtigkeit selbst; seine Gerechtigkeit geht über unsern schwachen Verstand hinaus. Das Kapital ist allmächtig; wenn es gezwungen wäre, seine Gnade denen zu spenden, die sie verdienen, würde es geschwächt werden, denn dann würde seine Macht Grenzen haben. Es kann dieselbe daher nicht besser beweisen, als daß es seine Lieblinge aus dem Haufen der Tagediebe und Faulenzer auserwählt.

Frage: Wie bestraft dich dein Gott?

Antwort: Indem er mich zur Arbeitslosigkeit verurteilt. Dann bin ich exkommuniziert; ich weiß nicht, was essen, wo schlafen, und muß mit den Meinen in Hunger und Elend umkommen.

Frage: Welche Sünden mußt du begehen, um dir diese Exkommunikation zuzuziehen?

Antwort: Keine. Das Kapital wirft mich außer Arbeit, wenn es ihm beliebt.

Frage: Welches sind die Gebete deiner Religion?

Antwort: Ich bete nicht mit Worten. Mein Gebet ist die *Arbeit*. Jedes Sprechen eines Gebetes würde mein wirkliches Gebet, die Arbeit, stören. Sie ist das einzige Gebet, das wohlgefällt, denn sie ist das einzige, das dem Kapital nützt und *Mehrwert* schafft.

Frage: Wo betest du?

Antwort: Überall. Auf dem Felde und in der Werkstatt, im Atelier und in der Fabrik, auf dem Meere und unter der Erde.

Damit unser Gebet gnädig gehört werde, müssen wir unsere Freiheit, unsere Würde, unseren Willen zu den Füßen des Kapitals niederlegen.

Auf den Ton der Glocke, auf den Pfiff der Maschine müssen wir herbeieilen und, einmal beim Gebet, gleich Automaten Arme und Beine, Hände und Füße in Bewegung setzen, schnaufen und schwitzen, unsere Muskeln spannen und unsere Nerven erschöpfen.

In unsern Gebetsstätten müssen wir demütigen Geistes sein und geduldig die Wutausbrüche und Schimpfereien von Prinzipal und Werkführer ertragen, denn sie haben immer Recht.

Wir dürfen uns nie beklagen, wenn der Prinzipal unsern Lohn herabsetzt und die Arbeitszeit erhöht, denn alles, was er tut, ist recht und geschieht zu unserem Besten.

Wir müssen es als eine Ehre betrachten, wenn Prinzipal und Werkführer mit unseren Frauen und Töchtern schäkern.

Ehe wir je eine Klage unseren Lippen entweichen, ehe wir unser Blut in Wallung geraten lassen, ehe wir je zum Streik uns entschließen, müssen wir lieber alle Leiden auf uns nehmen, unser Brot mit Speichel herunterwürgen, mit Dreck verunreinigtes Wasser trinken. Denn für den Fall, daß wir uns vermessen, dies nicht in Ordnung zu finden, hat das Kapital unseren Herren Gefängnisse und Zuchthäuser, den Säbel, der haut, und die Flinte, die schießt, Henkerbeil und Kanonen zur Verfügung gestellt. Es läßt uns hinter Schloß und Riegel stecken, wenn wir murren, und alles über den Haufen schießen, was sich wider die Anordnungen auflehnt, die es uns durch den Mund seiner Beamten und Priester verkündet.

Frage: Wirst du nach dem Tode eine Belohnung emp fangen?

Antwort: Eine sehr große. Nach dem Tode erlaubt mir das Kapital, mich niederzulegen und mich zu erquicken. Ich habe dann weder von Hunger noch von Kälte zu leiden, weder für heute noch für morgen um Nahrung zu bangen. Ich genieße dann die ewige Ruhe des Grabes.

III

Die Predigt der Kurtisane

(Das Manuskript ist nur unvollständig in meinen Besitz gelangt, die ersten drei Blätter fehlen. In der Form einer Einleitung sollen sie eine Anrufung des Gottes Kapital enthalten, der diejenigen erhöht, die da verachtet werden. Da ich es mir zum Grundsatz gemacht, nur als bloßer Kopist zu fungieren, so unterlasse ich jeden Versuch einer Vervollständigung.

Randnoten lassen vermuten, daß der Verfasser der Predigt, der päpstliche Legat, zur Mitarbeiterschaft den Prinzen von Wales, zwei weltbekannte Industrielle, die Herren Bonnet und Herzog jun., sowie die berühmte Cora Pearl hinzugezogen, diese gefeierte Kurtisane, die sich rühmt, die ganze kosmopolitische Genußwelt von Paris in ihrem Bett gesehen zu haben.)

...Die Menschen, die in der Finsternis des Daseins umhertappen und nur das flimmernde Licht der blöden Vernunft als Leitstern nehmen, spotten und schimpfen über die Kurtisane. Sie stellen sie an den moralischen Pranger, sie schlagen ihr ihre eigenen Paradetugenden um die Ohren, sie stacheln zu Haß und Entrüstung wider sie auf. Sie ist die Sklavin des Bösen und die Krone der Verruchtheit, der Mahlstein der Vertierungsmühle. Sie demoralisiert die blühende Jugend, sie entehrt die weißen Haare des Alters, sie entführt der Gattin den Gatten und saugt aus seinen verhexten und unersättlich gierigen Lippen das Glück, die Ehre und den Wohlstand seiner Familie.

O meine Schwestern! Brutale Wut und niedriger Neid haben mit bitterer Galle das edle Bild der Kurtisane besudelt, trotzdem der letzte der falschen Götter, Jesus von Nazareth, eine Maria Magdalena der Schmach der Menschen entrissen und in sein Paradies versetzt hat neben die Heiligen und Seligen.

Die Götter, die nacheinander den Himmel bewohnt, und die Religionen, die sich die Herrschaft auf Erden streitig gemacht, ehe das Kapital, der wahre Gott gekommen, haben alle die Kurtisanen hochgeehrt. In der Gesellschaft des Altertums war sie die einzige Frau, der man erlaubte, von der Frucht des Baumes der Erkenntnis zu naschen. Die große babylonische Göttin Mylitta, die »geschickte Zauberin«, die »verführerische Prostituierte«, wollte mittels der Prostitution verehrt werden. Als Buddah nach Vesali kam, kehrte er bei der ersten Kurtisane des Ortes ein, vor der sich die Behörden in ihren Feiertagsgewändern aufstellten. Der finstere Gott Jehovah beherbergte Kurtisanen in seinem Tempel.[4]

Die Menschen der ersten Gesellschaften, die der Glaube erleuchtete, versetzten die Kurtisane unter die Götter; sie stellte die Kraft der ewigen Natur dar, die da erschafft und zerstört.

Die Kirchenväter des Katholizismus, der die Menschheit in ihrer Kindheit jahrhundertelang mit seinen Märchen unterhielt, suchten die göttliche Eingebung in der Gesellschaft von Kurtisanen. Wenn der unfehlbare Papst seine Priester und Bischöfe zu einem Konzil zusammenberief, um über ein Glaubensdogma zu beraten, so strömten, geleitet von der Hand Gottes, die Kurtisanen aus allen Ländern der Christenheit herbei; sie brachten den heiligen Geist hin, sie erleuchteten den Verstand der Schriftgelehrten. Der Gott des Christentums legte die Macht, Päpste, seine Statthalter auf Erden, ein- und abzusetzen, in die Hände der Theodora, der kaiserlichen Kurtisane.

Das Kapital, unser Herr, weist den Kurtisanen einen noch höheren Platz an. Nicht hinfällige und stupide Päpste sind es mehr, denen sie kommandiert, sondern Tausende junger und kräftiger Arbeiter, Meister aller Wissenschaften und Schöpfer aller Erzeugnisse der menschlichen Kunst: sie weben, sticken, nähen, sie bearbeiten das Holz, das Silber, das Gold, sie schleifen Diamanten, sie suchen auf dem Meeresgrund Korallen und Perlen, ziehen im Winter die Blumen des Frühjahrs und die Früchte des Herbstes; sie erbauen Paläste, schmücken ihre Wände, bemalen Leinwand, erfinden Romane und Dramen, Opern und Ballets, spielen und tanzen, um die Wünsche der Kurtisane zu befriedigen.

Nie hatte Kleopatra, nie Semiramis ein so zahlreiches Heer von Mitarbeitern aller Berufe, aller Kunstzweige zur Erfüllung ihrer Launen zur Verfügung. Die Kurtisane ist die Königin der Zivilisation, und sie wird so lange über die Menschheit thronen, als das Kapital der souveräne Herrscher über Menschen und Dinge ist.

Wenn die beschränkte Vernunft die Menschen nicht verdummt hätte, wenn der wahre Glaube die Tore ihres Verstandes geöffnet hätte, so würde sie einsehen, daß in den Händen Gottes die Kurtisane ein Faktor wird, der die Völker aufrüttelt und die Gesellschaften umgestaltet.

Im Mittelalter, damals, als das Kapital, unser Herr, noch dem Kinde gleich, das in der Mutter Schoß sich regt, erst in den Tiefen des Wirtschaftslebens zu keimen begann, als kein Mund seine Geburt verkündete, als die Menschen noch keine blasse Ahnung hatten von dem Nahen des wahren Gottes, damals begann trotzdem das Kapital bereits die Handlungen der Menschen zu leiten. Es hauchte in den Geist der Christen Europas den wilden Taumel ein, der sie in Heeren, enger geschart als Ameisentrupps, auf die Straßen nach Asien trieb. Zu jener Zeit waren die Führer der Menschen plumpe Feudalherren, die in ihren Rüstungen lebten wie Hummer in ihrer Schale, die sich von grobem Fleisch und schweren Getränken ernährten, kein anderes Vergnügen schätzten als Lanzenstechen, keinen anderen Luxus kannten als ein wohlgehärtetes Schwert. Unser Gott mußte sich auf das Niveau der bleiernen Intelligenz dieser Viehnaturen herablassen, um sie in Bewegung zu setzen. Er pflanzte ihnen die Idee ein, das Kreuz zu nehmen, nach Palästina zu ziehen und die Steine eines Grabes zu befreien, das nie existiert hat. Aber der himmlische Plan Gottes war, sie zu den Füßen der Kurtisanen des Orients zu führen, sie in Luxus und Wohlgenuß zu berauschen, in ihren Herzen die göttliche Leidenschaft, die Liebe zum Gold zu nähren.

Als sie in ihre düsteren Behausungen zurückkehrten, die Sinne noch verwirrt vom Glanz der Feste, von den Wohlgerüchen Arabiens und den Küssen der glatten Kurtisanen, da bekamen sie einen Ekel vor ihren linkischen und behaarten Weibern, die nur spinnen und Kinder gebären konnten, sie erröteten über ihr Barbarentum, sie erbauten die Städte des Mittelmeers, sie riefen die königlichen und herrschaftlichen Höfe ins Leben, und bereiteten so die Ankunft des Gott-Kapital vor.

Ich sage es Euch aufrichtig, die Kurtisane ist unserem Gott teurer, als dem Finanzmann das Geld des Aktionärs. Sie ist seine heißgeliebte Tochter, von allen Frauen diejenige, die am gelehrigsten seinem Willen gehorcht. Die Kurtisane handelt mit dem, was man weder wägen noch messen kann, mit der immateriellen Sache, der die geheiligten Regeln des Tausches nichts anhaben können: sie verkauft die Liebe, wie der Krämer Seife und Talg verschleißt, wie der Dichter Verse losschlägt. Aber indem sie die Liebe verkauft, verkauft die Kurtisane sich selbst, gibt sie ihrer Persönlichkeit einen wirtschaftlichen, einen Marktwert. Der Körper der Kurtisane nimmt damit an den Eigenschaften unseres Gottes teil; er wird ein Stück Gott, er wird Kapital. Die Kurtisane ist die Menschwerdung Gottes.

O über eure Taubenklugheit, ihr Dichter und Romanciers, die ihr die Kurtisane herunterreißt, weil sie ihren Körper nur gegen Bezahlung hingibt! Die ihr sie mit Schmutz bewerft, weil sie ihre Reize in schwerem Gelde tariert! Ihr wollt wohl, daß sie das Göttliche, was ihr Körper birgt, profaniert, daß sie es so gemein macht als Steine am Wege? O ihr Moralisten, ihr Brutanstalten für alle Laster, ihr scheltet sie Verbrecherin, weil sie das blinde Gold dem liebeglühenden Herzen vorzieht! Stumpfsinnige Philosophen, die ihr seid, ihr haltet die Kurtisane wohl für einen Sperber, der sich mit zuckendem Fleisch vollstopft? Glaubt ihr in eurem verzehrenden Geiz etwa, daß die Kurtisane weniger begehrenswert ist, weil sie gekauft werden muß? Muß man nicht auch das Brot kaufen, das unser Leben erhält, den Wein, der uns die Sorgen vergessen macht? Kauft man nicht auch das Gewissen der Volksvertreter, die Kenntnisse des Ingenieurs, die Ehrlichkeit des Kassierers?

Aber die Kurtisane, die die Gnade Gottes, des Kapitals, zu verdienen sucht, verstopft sich die Ohren bei Euren Reden, die noch weniger angehört werden als das Geschrei der Gänse, wenn sie gerupft werden; sie umgibt ihre Seele mit einer eisigen Hülle, die das Feuer keiner Liebe schmelzen kann. Denn wehe, dreimal wehe der Kurtisane, die da liebt, die da empfindet! Gott wendet sein Antlitz von ihr ab. Wenn ihr Herz ergriffen wird, wenn ihre Sinne dem Käufer von Liebe sprechen, so findet der, der auf den Geliebten des Herzens folgt, nur noch einen erschöpften, verbrauchten Körper.

Die Kurtisane muß sich mit anziehender Kälte wappnen. An dem Marmor ihres Körpers, der nichts von Leidenschaft fühlt, muß der Käufer seine brennenden Lippen erschöpfen, ohne dessen Frische zu beeinträchtigen. Nicht das Feuer ihrer Küsse und die Glut ihrer Umarmungen, sondern die fiebernde Hitze des eigenen Blutes muß ihn berauschen. Während er in ihren Armen seinen Körper zu Grunde richtet, denkt ihre freie Seele an das Geld, das sie zu verlangen hat. Die Kurtisane betrügt den, der sie kauft; sie nötigt ihn, das Vergnügen mit Gold aufzuwiegen, das er selbst mitbringt. Und weil sie ihre Liebesware fälscht, segnet sie unser Gott, denn die Fälschung gilt ihm als religiöse Tugend.

Frauen, die ihr mich anhört, ich habe euch das mystische Geheimnis der rätselhaften Kälte der Kurtisane enthüllt! So ladet die marmorne Kurtisane die gesamte Klasse der Auserwählten des Kapitals zum Gastmahl an ihrem Körper ein und spricht zu ihnen: Esset und trinket, dies ist mein Leib, dies ist mein Blut!

Sie ist die Erzieherin, welche Gott den Söhnen seiner Auserwählten sendet. Sie unterrichtet sie in dem gelehrten Raffinement des Luxus und der Wollust.

Sie ist die Trösterin, die Gott seinen Auserwählten zuerteilt. Bei ihr vergessen sie ihre legitimen Frauen, die so langweilig sind, wie ein Landregen im Herbst.

Die treue Gattin und gute Hausfrau, welche von den Männern von Welt ebenso eifrig gepriesen, wie allein zu Hause gelassen wird, isoliert den Mann von seinesgleichen und entwickelt in ihm die Eifersucht, diese antisoziale Leidenschaft, sie macht ihn zum Gefangenen des häuslichen Herdes, des Familienegoismus. Viel schöner ist dagegen die Rolle der Kurtisane: Wenn das Geld die Menschen trennt, so führt sie sie wieder zusammen. Leute, deren Interessen sich feindlich gegenüberstehen, fraternisieren in ihrem Boudoir; ein geheimer, unerklärlicher, aber tiefer und unwiderruflicher Pakt bindet sie, sie haben von ein und derselben Kurtisane gegessen und getrunken, sie haben vom selben Altar das Abendmahl genossen.

Mit mehr Kraft, als die Gärstoffe den jungen Wein zum Gären, treibt die Kurtisane den Reichtum in einen schwindelnden Wirbel. Sie reizt die festgelegtesten Vermögen in den lustigen Tanz der Millionen; in ihren kalten und nachlässigen Fingern zerfließen Bergwerke, Fabriken, Banken, Staatspapiere, Weinberge, Getreideländereien und Wälder wie Schnee in der Sonne und strömen in die tausend Kanäle des Handels und der Industrie. Ein dichter Schwarm von Dienern, von Händlern und Wucherern umlagert sie, gleich Würmern, die das Aas anzieht; sie haben unergründliche Taschen, um den Goldregen aufzufangen, der sich ergießt, wenn sie ihr

Kleid aufschürzt. Ein Muster von Selbstlosigkeit, ruiniert die Kurtisane ihre Liebhaber zu Gunsten von Dienern und Lieferanten, die sie wiederum betrügen. Und unter ihnen sucht sich Gott Kapital mit Vorliebe seine Auserwählten.

Die Künstler und Gewerbsleute würden im Fett ihrer Mittelmäßigkeit ersticken, wenn die Kurtisane sie nicht zwänge, ihr Gehirn anzustrengen und immer neue Genüsse, immer neue, nie zuvor gekannte Nichtigkeiten zu ersinnen. Denn in ihrem Durst nach dem Ideal hat die Kurtisane das, was sie besitzt, nur, um einen Ekel davor zu bekommen, kostet sie ein Vergnügen nur, um seiner überdrüssig zu werden.

Die arbeitsparende Maschine würde die arbeitenden Klassen zum Müßiggang, diesem Urheber aller Laster, verurteilen, aber die Kurtisane erhebt die Verschwendung zur Höhe einer sozialen Tugend und steigert ihren Luxus und ihre Ansprüche in dem Maße, wie die gewerbliche Technik fortschreitet, auf daß es den Verdammten des Proletariats nicht an Arbeit, dieser Mutter aller Tugenden, mangele.

Die Kurtisane, welche mehr Vermögen verschlingt und mehr Produkte zerstört, als eine Armee im Felde, ist dem Gott Kapital am liebsten; die Fabrik- und Handelsherren beten sie an, sie ist der Schutzgeist, der Handel und Gewerbe belebt und kräftigt. Aber Fluch der verliebten Kurtisane, der *Kameliendame*, die sich hingibt, aber sich nicht verkauft! Gott erweckt, hetzt und schleudert gegen sie alle niedrigen und mißgünstigen Leidenschaften, die in den Herzen der Männer und Frauen gären. Verflucht die Dirnen, die sich für einige Mark, für einige Nickel dem Arbeiter oder dem Soldaten verkaufen! Gott, furchtbarer als die Pest, martert diese Fledermäuse der Venus ohne Erbarmen. Er vergiftet ihren Körper, er liefert sie den Louis der Gosse aus, die sie schlagen und ausplündern, er unterstellt sie, gleich dem angefaulten Marktfleisch, der entehrendsten Polizeikontrolle.

Höher und reiner als die falschen Religionen der Vergangenheit, verzichtet die Religion des Kapitals darauf, die Gleichheit der Menschen zu verkünden – eine Minderheit, eine verschwindende Minderheit nur ist berufen, sich der Gunst des Kapitals zu erfreuen. Nicht mehr macht, wie in den Urzeiten, der Phallus die Menschen gleich. Nur für seine Auserwählten bewahrt Gott solche kostbaren und feinen Gaben von Natur und Kunst, wie die höhere Kurtisane.

Die Kurtisane, die Gott für die Reichen und Mächtigen aufzieht, bildet und pflegt, lebt herrlich und in Freuden. Respektable und respektierte Männer des Adels und der Bourgeoisie betteln um die Ehre, diejenige zur Frau *in* der Gesellschaft machen zu dürfen, die bis dahin Frau *der* Gesellschaft war – sie schließt die Serie ihrer tollen Hochzeiten mit einer Vernunftsheirat. Im Frühling ihrer Jahre legen ihr die Reichen ihre Herzen, die sie verachtet, und ihre Schätze, die sie verschleudert, zu Füßen; Künstler und Literaten scharwenzeln um sie herum und schmeicheln ihr in servilster und plattester Weise. Wenn sie im Herbst ihres Lebens, träg und fett geworden, das Geschäft schließt, und ein Haus aufmacht, so widmen ihr ernste Männer und sittsame Frauen ihre Pflege und Aufmerksamkeit, um das Glück zu ehren, das ihre geschlechtliche Arbeit belohnte.

Gott überhäuft die Kurtisane mit seinem Segen. Hat sie die Natur nicht mit Schönheit und Geist gesegnet, so stattet er sie mit *Chic*, mit *Pikanterie*, mit *Rasse* aus – Dinge, welche die erhabene Seele seiner Auserwählten bis zur Raserei hinreißen.

Gott schützt sie vor den Schwächen ihres Geschlechts. Die Rabenmutter Natur verurteilt die Frau zur harten Arbeit der Fortpflanzung der Art, aber die Schmerzen der mütterlichen Wehen suchen nur die Geliebten, nur die Gattinnen heim. Der Kurtisane erspart Gott die mißgestaltende Schwangerschaft und die Qual des Gebärens, er verleiht ihr die so beneidete Gabe der Unfruchtbarkeit. Die Gattin, die Geliebte sind es, welche gezwungen sind, zur heiligen Maria zu beten und das heiße Gebet der Ehebrecherin an sie zu richten: »O heilige Jungfrau, die Du empfangen hast, ohne zu sündigen, gib, daß ich sündige ohne zu empfangen.« Die Kurtisane gehört dem dritten Geschlecht an – sie überläßt der gemeinen Frau das schmutzige und lästige Geschäft, die Menschheit fortzupflanzen.[5]

Bis jetzt rekrutierten sich die Kurtisanen der zivilisierten Gesellschaft gewöhnlich aus den ärmeren Kreisen – aber ist es nicht eine Schande, ist es nicht wahrhaft herzbrechend, sehen zu müssen, wie diejenigen, die einen so hohen Platz in der Gesellschaft einnehmen, aus dem Straßenkot aufgelesen werden?

O meine Zuhörerinnen, die ihr den höheren Klassen angehört, erinnert euch, wie einst der Adel Ludwig dem Fünfzehnten Vorwürfe darüber machte, daß er seine Beischläferinnen aus dem Bürgerstand nahm! Reklamiert als eines eurer köstlichsten Privilegien das Recht, den Auserwählten des Kapitals Kurtisanen zu stellen! Schon beginnt eine immer größere Zahl von euch, sich über die tristen Pflichten der Gattin hinwegzusetzen und sich gleich Kurtisanen zu verkaufen, aber sie tun es noch heimlich, heucheln noch dabei. Schüttelt das Joch der altmodischen, idiotenhaften Vorurteile, das höchstens für Sklavinnen paßt, von euch ab, werft es zu Boden, tretet es mit Füßen. Gott-Kapital hat der Welt eine neue Moral gegeben, er hat das Dogma der menschlichen Freiheit proklamiert. Und wie erlangt man Freiheit? Dadurch daß man sich das Recht erobert, sie zu verkaufen! Befreit euch von dem Ehejoch, indem ihr euch verkauft!

In der kapitalistischen Gesellschaft gibt es keine ehrenvollere Beschäftigung als die der Kurtisane! Blickt um euch, betrachtet die Arbeit der Näherin, der Stickerin, der Spinnerin und vergleicht mit derselben die der Kurtisane. Nach ihrem langen, eintönigen Arbeitstag seht ihr die Arbeiterin blaß und abgerackert, einen dürftigen Lohn in der mageren Hand, der gerade hinreicht, sie am Verhungern zu hindern. Die Kurtisane dagegen erhebt sich frisch und munter, wie ein junger Gott, von ihrem Bett oder Kanapee, schüttelt ihr parfümiertes Lockenhaar und zählt nachlässig ihre Goldstücke und Banknoten. Ihr breitgestirnten Philosophen, die ihr nur die alte abgelebte Moral wiederzukäuen wißt, sagt doch, welche Arbeit ist unserm Gott angenehmer: die der Arbeiterin oder die der Kurtisane? Das Kapital beweist seine Achtung vor einer Sache durch den Preis, um den es ihr es gestattet, sich zu verkaufen. Nun, ihr scheinheiligen Moralpriester, welche Arbeit der Hand oder des Kopfes wird so hoch bezahlt wie die des Geschlechts? Sind das Wissen des Gelehrten, der Mut des Soldaten, der Geist des Schriftstellers, die Geschicklichkeit des Arbeiters je annähernd so hoch bezahlt worden als die Umarmungen einer Cora Pearl?

Die Arbeit der Kurtisane ist eine geheiligte Arbeit, die Gott höher belohnt als jede andere.

Teuerste Schwestern, höret mich an, Gott spricht aus meinem Munde:

Wenn ihr so gottverlassen seid, die erdrückende, Geist und Körper abrackernde Arbeit der Fabriksklavin nicht zu verabscheuen, das vegetierende Dasein der in der Familie zu klösterlicher Haft und zur schmutzigen Sparsamkeit verdammten Hausfrau zu ersehnen, als Einsiedlerin am häuslichen Herde zu sitzen, während der Mann Eure Mitgift zur Kurtisane schleppt, so prostituiert euch nicht!

Wenn ihr aber auf euer Glück sinnt, so prostituiert euch!

Wenn ihr zuviel Adel der Seele in euch fühlt, um die erniedrigende Arbeit der Arbeiterin und das verdummende Dasein der Hausfrau auf euch zu nehmen, so prostituiert euch!

Wenn ihr die Königin der Feste und Freuden der Zivilisation sein wollt, so prostituiert euch!

Das ist die Gnade, so ich euch wünsche. Amen!

IV

Der Hohepriester oder Andachtsbüchlein des Unternehmers

Dieses Buch hat in den Händen mehrerer Kapitalisten zirkuliert und ist von ihnen mit Noten versehen worden. Hier einige derselben:

Es ist anzunehmen, daß diese Vorschriften der göttlichen Weisheit von dem plumpen Begriffsvermögen der Lohnarbeiter falsch ausgelegt würden. Ich meine daher, daß man sie in Volapük oder irgend eine andere heilige Sprache übersetzen sollte. *gez. Chagot*

Man sollte sich die jüdischen Schriftgelehrten zum Muster nehmen, die den Laien die Lektüre des Hohepriesters Salomonis untersagten, und das Andachtsbüchlein des Unternehmers nur Eingeweihten mitteilen, die mindestens eine Million Mark besitzen. *gez. Bleichröder*

Eine Million Mark scheint mir zu lumpig. Schlage eine Million Dollar vor. *gez. Jay Gould*

1. Die Natur des Gott-Kapital

1) Denke nach über die Worte des Kapitals, Deines Gottes.
2) Ich bin der menschenfressende Gott, ich setze mich

in den Fabriken zu Tisch und verspeise die Arbeiter. Ich verwandle ihre Substanz in göttliches Kapital. Ich bin das unendliche Rätsel: meine Substanz ist ewig und doch nur vergängliches Fleisch, meine Allmacht ist nichts als die Schwäche der Menschen. Die träge Kraft des Kapitals ist die Lebenskraft des Arbeiters.
3) Ich bin die unermeßliche Seele der zivilisierten Welt; mein Körper ist unendlich vielfach und mannigfaltig. Ich lebe und webe in Allem, was da gekauft und verkauft wird. Ich wirke in jeder Ware, keine hat außerhalb meiner lebendigen Einheit eine eigene Existenz.
4) Ich glänze im Gold und stinke im Mist, ich gäre im Wein und bin Gift im Vitriol. Ich lebe in Allem.
5) Der Mensch sieht, fühlt, riecht und schmeckt meinen Körper, aber mein Geist ist feiner als der Äther und unbegreiflich für die Sinne. Mein Geist ist der Kredit. Er bedarf keines Körpers, um sich zu offenbaren.
6) Ich belebe und verwandle alle Dinge. Ein geschickterer Chemiker als Berzelius und Gerhardt, verwandle ich weite Fluren, schweres Metall und brüllende Herden in Aktien von Papier. Und leichter als Knallgasbläschen, wenn der elektrische Draht sie treibt, tanzen und hüpfen an der Börse, meinem geheiligten Tempel, von Hand zu Hand Kanäle und Hochöfen, Fabriken und Bergwerke.
7) In den Ländern, wo die Bank herrscht, geschieht nichts ohne mich. Ich befruchte die Arbeit, ich presse die unwiderstehlichen Kräfte der Natur in den Sklavendienst der Menschen und stelle ihm als mächtigen Hebel die Summe der erworbenen Wissenschaften zur Verfügung.
8) Ich umgarne die menschlichen Gesellschaften mit

dem goldenen Netz des Handels und der Industrie.

9) Der Mensch, so er kein Kapital hat, wandelt nackt durch das Leben, umgeben von wilden Feinden, die ausgerüstet sind mit allen Waffen der Marterung und des Todes.

10) Wenn er stark ist wie ein Stier, wird man die Last seiner Schultern vermehren, wenn er fleißig ist wie die Ameise, wird man sein Arbeitspensum verdoppeln.

11) Was sind Wissenschaft, Arbeit und Tugend ohne Kapital? Eitelkeit und Jammer.

12) Denn ohne die Gnade des Kapitals leitet die Wissenschaft den Menschen abseits in die Pfade des Wahnsinns, stürzen ihn Arbeit und Tugend in den Abgrund des Elends.

13) Weder Wissenschaft noch Tugend, noch Arbeit befriedigen den Geist des Menschen. Ich bin es, der die hungrige Meute seiner Gelüste und seiner Leidenschaften befriedigt.

14) Ich gebe mich hin und entziehe meine Gegenwart nach Wohlgefallen, ich lege keinerlei Rechenschaft ab. Ich bin der Allmächtige, der über die Dinge herrscht, so da belebt sind, und über die, so da unbelebt sind.

2. Der Auserwählte des Kapitals

1) Der Mensch, dieser verdorbene Haufen Erde, kommt nackt zur Welt, um, gleich einer Gliederpuppe in einen Kasten eingeschachtelt, unter der Erde zu faulen, und seine Asche düngt das Gras des Feldes.

2) Und doch ist es dieser Sack voll Stank, den ich auserkoren habe, mich zu vertreten. Mich, das Kapital, mich, das mächtigste Wesen unter der Sonne.

3) Ich erwähle meinen Erkorenen weder um seiner Intelligenz, noch um seiner Schönheit, noch um seiner Jugend willen, sondern weil es mir gerade gefällt.
4) Seine Dummheit, seine Laster, seine Häßlichkeit und sein Alter sind Beweise für meine unberechenbare Macht.
5) Die Menschen finden die Albernheiten des Kapitalisten geistreich, sie versichern ihm, daß sein Genie der Wissenschaft der Pedanten nicht bedarf. Die Dichter bitten ihn, sie zu inspirieren, die Künstler erwarten auf den Knien seine Kritik, die Frauen schwören ihm, er sei ihr Ideal, die Philosophen deuten seine Laster zu Tugenden, und die Ökonomen entdecken, daß sein Nichtstun allein es ist, das alles in Bewegung setzt.

Weil ich ihn zu meinem Auserwählten gemacht, erblicken sie alle im Kapitalisten die Verkörperung der Tugend, der Schönheit, des Genies.
6) Eine Herde von Lohnarbeitern arbeitet für den Auserwählten, während er ißt, trinkt und schläft.
7) Der Kapitalist arbeitet weder mit der Hand noch mit dem Kopf.
8) Er hat Arbeitsvieh – Männer und Weiber –, um das Land zu beackern, das Eisen zu schmieden, Stoffe zu weben; er hat Direktoren und Vormänner, um es zu regieren, er hat Gelehrte, um zu denken. Der Kapitalist weiht sich der Arbeit für die Latrine. Er ißt und trinkt, um Dung zu produzieren.
9) Ich überhäufe den Auserwählten mit beständigem Wohlbefinden. Denn was gibt es Besseres und Reelleres auf der Erde, als zu essen, zu trinken, zu schäkern und sich zu ergötzen? Der Rest ist nichts als Eitelkeit und Jammer.

10) Ich lindere die Leiden aller Art, damit die Erde schön und angenehm für die Auserwählten sei.

11) Das Gesicht hat sein Organ, der Geruch, das Gefühl, der Geschmack, das Gehör, die Liebe haben auch ihre Organe. Ich versage dem Auserwählten nichts, was seine Augen, sein Mund, sowie seine anderen Organe begehren.

12) Die Tugend hat ein doppeltes Antlitz: die Tugend des Kapitalisten heißt Genießen, die Tugend des Arbeiters heißt Entbehren.

13) Der Kapitalist nimmt auf Erden, was ihm gefällt, er ist der Herr. Wenn er der Frauen übersatt ist, läßt er seine Sinne durch halbreife Kinder reizen.

14) Der Kapitalist ist das Gesetz. Die Gesetzgeber verfertigen Gesetze nach seinem Bedürfnis, die Philosophen passen die Moral seinen Sitten an. All sein Tun ist gerecht und gut. Jede Handlung, die seine Interessen verletzt, ist Verbrechen und wird bestraft.

15) Ich behalte den Auserwählten ein Glück vor, das den Lohnarbeitern unbekannt bleibt. Profit zu machen ist die erhabenste Freude. Wenn der Auserwählte Profit einstreicht, so verliert er seine Mutter, seine Frau, seine Kinder, seinen Hund und seine Ehre und bewahrt doch seinen Gleichmut. Keinen Profit machen ist dagegen das nicht wieder gut zu machende Unglück, für das der Kapitalist keinen Trost kennt.

3. Die Pflichten des Kapitalisten

1) Viele sind berufen, aber wenige sind auserwählt. Mit jedem Tage vermindere ich die Zahl meiner Auserwählten.

2) Ich gebe mich den Kapitalisten hin, ich verteile mich unter sie. Jeder Auserwählte erhält einen Teil des einzigen Kapitals, aber er behält es nur, wenn er es vermehrt, wenn er es Profite tragen macht. Das Kapital zieht sich zurück von dem, der seine Gesetze nicht erfüllt.

3) Ich habe den Kapitalisten dazu erwählt, daß er Mehrwert herausschlage – seine Mission ist, Profite anzuhäufen.

4) Um frei und ungebunden sich dieser Jagd nach dem Profit hingeben zu können, entledigt sich der Kapitalist aller Freundschaftsbande. Wo es einen Gewinn einzustreichen gibt, kennt er weder Freund noch Bruder, noch Frau, noch Mutter, noch Kinder.

5) Er erhebt sich über jene nichtigen Abgrenzungen, welche den Haufen der Sterblichen in ein Vaterland, in eine Partei einpferchen. Bevor er Preuße oder Franzose, Russe oder Pole, Engländer oder Irländer ist, ist der Kapitalist Ausbeuter. Er ist nur nebenbei Monarchist oder Republikaner, konservativ oder radikal. Das Gold hat eine Farbe, aber der Kapitalist hat dem Golde gegenüber keine Gesinnung.

6) Der Kapitalist streicht mit demselben Gleichmut das mit Tränen benetzte, das mit Blut befleckte, das mit Kot beschmutzte Geld ein.

7) Er bringt dem gemeinen Vorurteil kein Opfer. Er ist nicht Fabrikant, um gute Waren zu liefern, sondern um Waren zu fabrizieren, die fetten Verdienst bringen. Er gründet nicht Aktiengesellschaften, um Dividenden an die Aktionäre zu verteilen, sondern um ihre Kapitalien an sich zu bringen, auf die sie sein Recht haben. Denn der kleine Kapitalist ist verdammt, zu verschwinden,

verschlungen zu werden vom großen Kapitalisten. Das ist das Gesetz des Kapitals.

8) Wenn ich einen Menschen zur Würde des Kapitalisten erhebe, so übertrage ich damit auf ihn einen Teil meiner Allmacht über Menschen und Dinge.

9) Der Kapitalist sagt: Die Gesellschaft, das bin ich, die Moral, das sind meine Leidenschaften; das Gesetz, das ist mein Interesse.

10) Wenn ein einziger Kapitalist in seinen Interessen verletzt wird, so leidet die ganze Gesellschaft. Denn die Unmöglichkeit, das Kapital zu vermehren, ist das größte aller Übel – das Übel, für das es keine Entschädigung gibt.

11) Der Kapitalist läßt produzieren, aber er produziert nicht. Jede körperliche oder geistige Beschäftigung ist ihm untersagt. Sie würde ihn von seinem heiligen Berufe, Profite anzuhäufen, ablenken.

12) Der Kapitalist wird nicht zum metaphysischen Eichhörnchen, das sein Rad dreht um nur Wind zu mahlen.

13) Er kümmert sich sehr wenig darum, ob die Himmel Gottes Ruhm verkünden; er stellt keine Untersuchungen darüber an, ob die Grille mit ihrem Hintern oder mit ihren Flügeln zirpt, oder die Ameise ein Kapitalist ist.[6]

14) Er bekümmert sich weder um den Anfang, noch um das Ende der Dinge, aber er läßt sie Profit eintragen.

15) Er läßt die von der Seuche der offiziellen Ökonomie Befallenen über Monometallismus und Bimetallismus deklamieren, aber er sackt ohne Unterschied alle Goldstücke und Silberlinge ein, deren er habhaft werden kann.

16) Er erlaubt den Gelehrten, die dazu gerade gut genug sind, den Naturerscheinungen auf den Grund zu gehen, und den Erfindern, auf die Anwendung der Naturkräfte in der Industrie zu sinnen. Aber er bemächtigt sich schleunigst ihrer Erfindungen, sobald sie ausbeutungsfähig sind.

17) Er quält sein Hirn nicht ab mit der Untersuchung, ob das Schöne und Gute ein und dasselbe seien, aber er leistet sich Trüffel, die so gut zu essen sind, und häßlicher aussehen als der Abgang der Schweine.

18) Er klatscht Beifall den Reden über die ewigen Wahrheiten, aber er verdient Geld mit den Fälschungen, wie sie der Tag mit sich bringt.

19) Er spekuliert nicht über das Wesen der Tugend, des Gewissens und der Liebe, sondern über ihren Kauf und Verlauf.

20) Er untersucht nicht, ob die Freiheit an sich ein Gut ist; er nimmt sich alle Freiheiten und läßt dem Arbeiter nur den Namen derselben.

21) Er streitet nicht darüber, ob Recht vor Macht geht, denn er weiß, daß er alle Rechte hat, weil er das Kapital hat.

22) Er ist weder für noch gegen das allgemeine Wahlrecht, weder für noch gegen das beschränkte Wahlrecht; er kauft die Wähler des beschränkten Wahlrechts und streut den Wählern des allgemeinen Wahlrechts Sand in die Augen. Im ganzen ist er mehr für das allgemeine Wahlrecht, weil es billiger ist. Denn wo er beim beschränkten Wahlrecht die Wähler und den Gewählten kaufen müßte, braucht er beim allgemeinen Wahlrecht nur den Gewählten zu kaufen.

23) Er mischt sich nicht in das Geschwätz über Freihan-

del und Schutzzoll ein; er ist abwechselnd Freihändler und Schutzzöllner, wie es gerade das Geschäft für ihn mit sich bringt.
24) Er hat kein Prinzip, nicht einmal das, kein Prinzip zu haben.
25) Der Kapitalist ist in meiner Hand eine eherne Rute, um die ungelehrige Herde der Lohnarbeiter zu lenken.
26) Der Kapitalist erstickt in seinem Herzen jedes menschliche Gefühl, er kennt kein Erbarmen. Er behandelt seine Mitmenschen härter als sein Lastvieh. Männer, Frauen und Kinder sind für ihn nur Profiterzeugungsmaschinen. Er umgürtet sein Herz mit Eisen, auf das seine Augen die Leiden der Arbeiter betrachten, seine Ohren ihren Wut- oder Schmerzensschrei vernehmen können, ohne daß ihn es rührt.
27) Wie eine hydraulische Presse langsam sich senkt und die zu bearbeitende Fruchtmasse bis zur vollkommensten Austrocknung zusammendrückt, sie auf das kleinste Gewicht reduziert, so preßt und windet der Kapitalist den Arbeiter, bis er die Arbeit, welche den Muskeln desselben innewohnt, aus ihm herausgezogen hat. Jeden Tropfen Schweiß kristallisiert er zu Kapital. Wenn aber der Arbeiter, abgenutzt und erschöpft, trotz allem Pressen keine Mehrwert erzeugende Mehrarbeit mehr liefert, so wirft er ihn fort wie die Abfälle und den Auskehricht der Küche.
28) Der Kapitalist, der den Arbeiter schont, verrät mich und sich selbst.
29) Der Kapitalist macht Männer, Frauen und Kinder zu Handelsartikeln, damit derjenige, der weder Talg, noch Wolle, noch irgend eine andere Ware besitzt, wenigstens seine Muskelkraft, seine Fähigkeit, sein Wis-

sen verkaufen kann. Um sich in Kapital zu verwandeln, muß der Mensch vorher Ware werden.

30) Ich bin das Kapital, der Herr des Weltalls, der Kapitalist ist mein Vertreter. Vor ihm sind alle Menschen gleich, ohne Unterschied sind sie seiner Ausbeutung unterworfen. Der Tagelöhner, der seine Muskelkraft verdingt, der Ingenieur, der sein technisches Wissen ausbietet, der Kassierer, der seine Ehrlichkeit verkauft, der Volksvertreter, der seine Stimme verschachert, das Freudenmädchen, das seinen Körper preisgibt, sie alle sind für den Kapitalisten Ausbeutungsobjekte.

31) Er nötigt den Arbeiter, sich mit grober und verfälschter Nahrung zum Wiederersatz seiner Arbeitskraft zu behelfen, auf daß er sie billiger verkaufen kann. Er zwingt den Arbeiter, sich zu eigen zu machen die Asketik des Einsiedlers, die Geduld des Esels, die Ausdauer des Ochsen bei der Arbeit.

32) Der Arbeiter gehört dem Kapitalisten, er ist sein Gut, seine Sache. In der Werkstatt, wo sich niemand darum zu scheren hat, wann die Sonne aufgeht und wann die Nacht beginnt, läßt er den Arbeiter durch hundert wachsame Augen beobachten. Denn weder mit einer Bewegung noch mit einem Wort darf derselbe seine Arbeit unterbrechen.

33) Die Zeit des Arbeiters ist Geld, jede Minute, die er verloren gehen läßt, ist ein Diebstahl, den er begeht.

34) Der Druck des Kapitalisten folgt dem Arbeiter wie ein Schatten bis in seine Hütte. Denn der Arbeiter darf weder seinen Geist durch Lektüre oder Anhören sozialistischer Reden korrumpieren, noch seinen Körper durch Belustigungen überanstrengen. Der Lohnarbeiter soll von der Werkstatt in seine Behausung gehen, so-

fort essen und sich niederlegen, auf daß er am folgenden Tage seinem Herrn einen frischen und anspannungsfähigen Körper und einen gefügigen Geist mitbringe.
35) Der Kapitalist erkennt dem Arbeiter kein Recht zu, nicht einmal das »Recht auf Arbeit« betitelte Recht auf Sklaverei.
36) Er entkleidet den Arbeiter seiner Intelligenz und seiner Berufsgeschicklichkeit und überträgt sie auf die Maschinen, die sich nie und nimmer auflehnen.

4. Grundlehren der göttlichen Weisheit

1) Der Matrose wird vom Sturm überfallen, der Bergmann lebt zwischen Grubenfeuer und Erdsturz, den Fabrikarbeiter gefährdet das Räderwerk der Maschinen; überall drohen dem Lohnsklaven, der arbeitet, Tod und Verstümmelung. Der Kapitalist, der nicht arbeitet, ist vor jeder Gefahr geschützt.
2) Die Arbeit rackert ab und tötet, aber bereichert nicht. Man erwirbt nicht Vermögen dadurch, daß man selbst arbeitet, sondern dadurch, daß man andere arbeiten läßt.
3) Das Eigentum ist die Frucht der Arbeit und die Belohnung des Müßigganges.
4) Man preßt nicht Wein aus einem Kiesel, noch Profit aus einem Leichnam; nur Lebende sind zur Ausbeutung zu gebrauchen. Der Henker, der einen Verbrecher abtut, betrügt den Kapitalisten um ein Ausbeutungsobjekt.
5) Wohltun trägt keine Zinsen.
6) Es ist mehr wert, wenn du dir beim Schlafengehen sa-

gen kannst, ich habe ein gutes Geschäft gemacht, als: ich habe eine gute Tat begangen.

7) Der Kapitalist, der seine Arbeiter 14 von 24 Stunden arbeiten läßt, hat seinen Tag nicht verloren.

8) Schone weder den guten noch den schlechten Arbeiter, denn das gute wie das schlechte Pferd bedarf der Sporen.

9) Das Blatt des Maulbeerbaumes braucht mehr Zeit, um Seide zu werden, als der Arbeiter, um sich in Kapital zu verwandeln.

10) Im Großen stehlen und im Kleinen zurückgeben, heißt Philanthropie.

11) Die Lohnarbeiter an seiner Bereicherung mitarbeiten lassen, heißt Kooperation.

12) Den Löwenanteil von den Früchten der Arbeit nehmen, heißt Teilhaberschaft.

13) Der Kapitalist ist Anhänger der Freiheit. Er gibt kein Almosen, denn das Almosen raubt dem Arbeitslosen die Freiheit, Hungers zu sterben.

14) Die Menschen sind Maschinen zum Produzieren und Konsumieren. Der Kapitalist kauft die einen und verkauft ihre Produkte an die andern.

15) Der Kapitalist hat in seinem Mund zwei Zungen, eine, deren er sich beim Kaufen, eine andere, deren er sich beim Verkaufen bedient.

16) Alle Welt bestehlen, heißt niemand bestehlen.

17) Ehre und Zartgefühl sind Gift beim Geschäft.

18) Mißtraue dem unehrlichen Menschen, aber vertraue dich nicht dem ehrlichen an.

19) Die Geldstücke sind mit dem Bild des Regenten oder der Republik ausgeprägt, weil sie wie die Vögel unter dem Himmel nur dem gehören, der sie wegfängt.

20) Die Fünfmarkstücke werden immer wieder aufgehoben, auch wenn sie in den Dreck fallen.

21) Du mühest dich ab um viele Dinge, du schaffest dir viele Sorgen, du möchtest ehrlich sein, du geizest nach Wissen, du buhlst um Stellen und Ehren. Und alles dies ist doch nur Eitelkeit und Jammer. Eines nur ist not: Kapital und wiederum Kapital.

22) Die Jugend verblüht und die Schönheit verwelkt, nur das Geld altert nicht, noch bekommt es Runzeln.

23) Das Gold ist die Ehre des Kapitalisten, die Triebfeder seiner Handlungen.

24) Wahrlich, ich sage euch, es ist mehr Ruhm, eine mit Gold und Banknoten gefüllte Brieftasche zu sein, als ein Mensch, so reich beladen mit Talenten und Tugenden wie ein Esel, der zum Markt trabt.

25) Genie, Geist, Schamhaftigkeit, Ehrlichkeit und Schönheit existieren nur dadurch, daß sie einen Marktwert haben.

26) Tugend und Arbeit sind nur nützlich und einträglich, so sie der andere übt. Es gibt nichts Besseres für den Kapitalisten als essen, trinken und der Venus fröhnen. Nichts bleibt ihm so sicher, wenn das Ende seiner Tage gekommen, als das, was er buchstäblich genossen.

27) So lange der Kapitalist unter den Menschen weilt, die die Sonne erwärmt und bescheint, soll er genießen und der Freude leben. Denn man ist nur einmal jung, und niemand kann dem schlimmen und häßlichen Alter entgehen, das den Menschen beim Kopf erfaßt und ihn dem Tode zuführt.

28) In dem Grabe, wohin du gehst, wirst du nur Würmer finden.

29) Außer einem vollen Bauch, der fröhlich verdaut,

und kräftigen, befriedigten Sinnen ist nichts als Eitelkeit und Jammer.

5. *Ultima Verba*[7]

1) Ich bin das Kapital, der König der Welt.

2) Ich schreite einher, begleitet von der Lüge, dem Neid, dem Geiz, dem Betrug und dem Mord. Ich trage den Krieg in die Städte und in die Familien. Wo ich vorüberziehe, säe ich Wut, Verzweiflung, Trostlosigkeit.

3) Ich bin der unerbittliche Gott. Ich fühle mich wohl inmitten der Zwietracht und der Leiden. Ich martere die Lohnarbeiter und schone nicht meiner Auserwählten, der Kapitalisten.

4) Der Lohnarbeiter vermag sich mir nicht zu entziehen. Und wenn er, vor mir herfliehend wie das gehetzte Wild, die Berge überschreitet, so findet er mich jenseits der Berge wieder; und wenn er, um sich vor mir zu retten, den Ozean durchmißt, so warte ich seiner an dem Ufer, da er landet. Der Lohnarbeiter ist mein Gefangener und die Erde ist sein Gefängnis.

5) Ich mäste die Kapitalisten mit einem schwerfälligen und stupiden Wohlstand. Meine Auserwählten sind physische und geistige Eunuchen. Ihre Nachkommenschaft geht zugrunde in Blödsinn und Impotenz.

6) Ich überschütte die Kapitalisten mit allem, was wünschenswert ist, aber ich nehme ihnen jeden Wunsch. Ich belaste ihre Tafeln mit den appetitlichsten Genüssen, aber sie haben den Appetit verloren; ich schmücke ihre

Betten mit schönen und jungen Frauen, aber die Liebkosungen derselben vermögen nicht, ihre entkräftete Sinne wiederzuerwecken. Alles in der Welt ist ihnen ekel, schal und unersprießlich — sie vergähnen ihr Leben. Sie sehnen sich nach dem Nichts, und doch fürchten sie sich vor dem Tod.

7) Je nachdem es mir Vergnügen macht, und ohne daß es der Vernunft der Menschen gelingt, meine Gründe zu ermitteln, schlage ich auf meine Auserwählten los. Ich schleudere sie hinab in die Hölle der Lohnsklaverei.

8) Die Kapitalisten sind meine Werkzeuge. Ich bediene mich ihrer wie einer tausendsträhnigen Peitsche, um die stupide Herde der Lohnarbeiter zu geißeln. Ich erhebe meine Auserwählten auf die höchste Stufe in der Gesellschaft, aber ich verachte sie.

9) Ich bin der Gott, der die Welten bewegt und den Verstand der Menschen verwirrt.

10) Der Dichter des Altertums hat die Aera des Kapitalismus vorhergesagt. Er sprach: »Jetzt sind die Übel noch gemischt mit gutem; aber eines Tages wird es weder Familienbande noch Gerechtigkeit noch Tugenden mehr geben, Hades und Remesis werden zum Himmel emporsteigen, und das Übel wird ohne Heilmittel sein.«[8] Die verkündete Zeit ist gekommen: gleich den gefräßigen Ungeheuern der Meere und den Raubtieren der Wälder verschlingen die Menschen einander ohne Erbarmen.

11) Ich lache über die Weisheit der Menschen.

Arbeite, und die Not wird dir fernbleiben; arbeite, und deine Speicher werden gefüllt sein mit Lebensmitteln – lehrte die alte Weisheit.

Ich aber sage:

Arbeite, und Mangel und Elend werden deine treuen Begleiter sein; arbeite, und du wirst dein letztes Wirtschaftsstück ins Leihamt tragen.«

12) Ich bin der Gott, der die Staaten umwälzt. Ich beuge die Großen unter mein Gleichmachungsjoch, ich breche die anmaßenden Individualitäten, ich bilde die Menschen für die Gleichheit vor. Ich schaffe die Form für die kommende kommunistische Gesellschaft.

13) Die Menschen haben Brahma, Jupiter, Jehovah, Jesus und Allah aus dem Himmel verjagt. Ich ziehe mich aus der Welt zurück, indem ich mich selbstmorde.

14) Wenn der Kommunismus Gesetz sein wird, wird die Herrschaft des Kapitals, des Gottes, der die Generationen der Vergangenheit und Gegenwart verkörpert, zu Ende sein. Das Kapital wird nicht mehr die Welt regieren, es wird der Sklave des Arbeiters sein, den es haßt. Der Mensch wird nicht mehr vor dem Werk seiner Hände und seines Geistes knien, er wird sich auf seine Füße stellen und aufrecht stehend die Natur als souveränen Herrscher betrachten.

15) Das Kapital wird der letzte Gott gewesen sein.

V
Die Gebete des Kapitalisten

1. Das Gebet des Herrn

Unser Vater Kapital, der Du bist von dieser Welt, allmächtiger Gott, der Du den Lauf der Flüsse veränderst und Berge durchstichst, der Du Erdteile von einander trennst und Nationen zusammenkettest, Schöpfer der Waren und Quelle des Lebens, der Du Königen und Untertanen, Arbeitern und Unternehmern befiehlst, Dein Reich werde errichtet auf Erden. Gib uns Käufer in Menge, die unsere Waren abnehmen, die guten wie die schlechten. Gib uns notleidende Arbeiter, die ohne Murren die härteste Arbeit und den niedrigsten Lohn annehmen. Gib uns Gimpel, die auf den Leim unserer Prospekte gehen. Gib, daß unsere Schuldner ihre Schulden völlig an uns abzahlen.[9] Führe uns nicht in das Zuchthaus, sondern befreie uns von dem Bankrott und verleihe uns ewige Renten. Amen.

2. Glaubensbekenntnis

Ich glaube an das Kapital, den Beherrscher der Körper und der Geister.

Ich glaube an den Profit, seinen eingeborenen Sohn, und an den Kredit, den heiligen Geist, der von ihm ausgeht und in ihm angebetet wird.

Ich glaube an Gold und Silber, die geschmolzen im Tiegel und zerhackt in der Münze, geschlagen im Prägstock, als klingende Münze zur Welt kommen, aber, nachdem sie auf Erden gewandelt und zu schwer befunden wurden, hinabfahren in die Keller der Bank, um als Papiergeld wieder aufzuerstehen.

Ich glaube an die Rente, an die 5prozentige, an die 4prozentige und die 3prozentige, sowie an die Notierungen des Kurszettels.

Ich glaube an das System der Staatsschulden, welches das Kapital versichert gegen das Risiko in Handel, Industrie und Geldgeschäften.

Ich glaube an das Privateigentum, die Frucht der Arbeit anderer, sowie an seine Dauer bis ans Ende aller Zeiten.

Ich glaube an die Notwendigkeit der Not, der Lieferantin von Lohnsklaven und der Mutter der Mehrarbeit.

Ich glaube an die Ewigkeit des Lohnsystems, das den Arbeiter befreit von allen Sorgen des Besitzes.

Ich glaube an die Verlängerung des Arbeitstages und an die Herabsetzung der Löhne, sowie an die Verfälschung der Produkte.

Ich glaube an das geheiligte Dogma: *billig kaufen und teuer verkaufen*, und somit an die Grundsätze unserer allerheiligsten Kirche, der rechtgläubigen Nationalökonomie. Amen.

3. Der englische Gruß
(Ave Miseria)

Begrüßt seist Du, Not, Du bist voll der Gnaden. Du erdrückst und bändigst den Arbeiter, Du marterst seine Eingeweide durch unablässigen Hunger und verdammst ihn, sein Leben und seine Freiheit für ein Stück Brot zu verkaufen. Du brichst den Geist der Empörung und weihst den Proletarier, sein Weib und seine Kinder der Zwangsarbeit in den kapitalistischen Zuchthäusern. Heil Dir, Gebenedeite unter den Weibern.

Heilige Jungfrau, die Du gezeugest hast den kapitalistischen Profit, sei gesegnet, Göttliche, Du marterst die erniedrigte Klasse der Lohnarbeiter.

Liebevolle und begnadete Mutter der Mehrarbeit, Erzeugerin der Renten, wach über uns und unsere Kinder. Amen.

4. Anbetung des Goldes

Gold, wunderbare Ware, die Du in Dir trägst alle übrigen Waren,

Gold, erstgeborene Ware, die alle anderen Waren zu sich bekehrt,

Gott, der alles zu wägen und zu messen weiß;

Du, die vollkommenste, idealste Verkörperung des Gottes Kapital;

Du, das edelste, großartigste Element in der Natur;

Du, das weder Wurm, noch Schimmel, noch Rost kennt;

Gold, unabänderliche Ware, flammende Blume, glänzender Strahl, leuchtende Sonne, Du stets jungfräuliches Metall, das, den Eingeweiden der Erde, der ehrwürdigen Mutter aller Dinge, entrissen, Dich abwendest, Dich in den Geldschränken der Wucherer und in den Kellern der Bank vergräbst, und aus dem Versteck, da du aufgeschichtet ruhst, Deine Kraft auf gemeines, elendes Papier überträgst, auf daß es sie verdoppele und verzehnfache;

Gold, träges Metall, das die Welt bewegt, vor Deiner glänzenden Majestät beugen sich die lebenden Jahrhunderte und beten Dich demütig an:

Verleihe Deine göttliche Gnade den Getreuen, die Dich anrufen, und die, um Dich zu besitzen, Ehre und Tugend, die Achtung der Männer und die Liebe des Weibes ihrer Seele und der Kinder ihres Blutes preisgeben und vor der Verachtung ihrer Selbst nicht zurückschrecken!

Gold, allerhöchster, unüberwindlicher Gebieter, Du ewig Siegreicher, vernimm unser Gebet!

Erbauer der Städte und Zerstörer der Reiche,

Polarstern der Moral,

Der Du die Gewissen trägst,

Der Du den Nationen Gesetze vorschreibst und Könige und Kaiser unter Dein Joch beugst,

Vernimm unser Gebet!

Du, der Du die Gelehrten die Wissenschaft fälschen lehrst, der Du die Mutter überredest, die Jungfräulichkeit ihres Kindes zu verkaufen, und den freien Mann zwingst, die Sklaverei der Fabrik auf sich zu nehmen,

Vernimm unser Gebet!

Du, der die Entscheidungen der Richter und die Abstimmungen der Deputierten kauft,

Vernimm unser Gebet!

Du, der Du Blumen und Früchte hervorrufst, welche die Natur nicht kennt,

Der Du Laster und Tugenden verbreitest,

Der Du die Künste und den Luxus ins Leben rufst,

Vernimm unser Gebet!

Du, der Du die unnützen Tage des Müßiggängers verlängerst und die Jahre des Arbeiters verkürzest,

Vernimm unser Gebet!

Du, der Du dem Kapitalisten in seiner Wiege zulächelst und den Proletarier schon im Schoße seiner Mutter mißhandelst,

Vernimm unser Gebet!

Gold, unermüdlicher Wanderer, der Du an Schurkereien und Gaunerkniffen Gefallen hast, erhöre uns!

Dolmetscher aller Sprachen,

Gewandtester aller Kuppler,

Unwiderstehlicher Verführer,

Eichmaß für Menschen und Dinge, erhöre uns!

Bote des Friedens, Begünstiger der Zwietracht,

Der Du Muße und Überarbeit verteilst,

Beistand der Tugend und der Korruption, erhöre uns!

Gold, verflucht und angerufen in unzähligen Gebeten, verehrt von Kapitalisten und geliebt von Kurtisanen, erhöre uns!

Befreier von Gütern und von Übeln,

Unglück und Glück der Menschen,

Heiler der Kranken und Balsam für die Schmerzen, erhöre uns!

Du, der die Welt verzaubert und die menschliche Vernunft verwirrst,

Du, der die Häßlichkeit schön macht und die Ungeschicklichkeit schmückt,

All-Friedensstifter, der die Schande und Ehrlosigkeit achtungswert macht und den Diebstahl und die Prostitution zu Ehren bringst, erhöre uns!

Du, der die Feigheit mit dem Ruhm beladet, welcher der Tapferkeit gebührt,

Der der Häßlichkeit die Huldigungen zuwendet, welche der Schönheit gebühren,

Der der Hinfälligkeit die Liebe verschafft, die der Jugend gebührt,

Boshafter Zauberer, erhöre uns!

Dämon, der den Mord anstiftet und den Wahnsinn entfacht, erhöre uns!

Fackel, die die Wege des Lebens erleuchtet,

Führer und Beschützer und Heil der Kapitalisten, erhöre uns!

Gold, König des Ruhmes, Sonne der Gerechtigkeit,

Gold, Kraft und Feuer des Lebens, erlauchtes Gold, komm zu uns!

Gold, Du Liebenswürdiger für den Kapitalisten, Du Furchtbarer für den Arbeiter, komm zu uns!

Spiegel der Genüsse,

Du, der dem Nichtstuer die Früchte der Arbeit zuwendet, komm zu uns!

Du, der die Keller und Speicher derer füllt, die weder ackern noch mähen, weder graben noch säen, komm zu uns!

Du Befreier von der Arbeit, die den Menschen entwürdigt und seine Rasse verdirbt, komm zu uns!

Du, die Stärke und das Wissen und Einsicht des Kapitalisten, komm zu uns!

Du, die Tugend, der Ruhm, die Schönheit und die Ehre des Kapitalisten, komm zu uns!

Du, die Stärke und das Wissen und die Einsicht des Kapitalisten, komm zu uns!

O komm zu uns, verführerisches Gold, höchste Hoffnung, Anfang und Ende aller kapitalistischen Tätigkeit, alles kapitalistischen Denkens und alles kapitalistischen Fühlens! Amen.

(Freundlicherweise vom Internationaal Instituut voor sociale Geschiedenis Amsterdam zur Verfügung gestellt.)

VI

Klagen Hiob Rothschilds, des Kapitalisten

Kapital, mein Gott und mein Gebieter, warum hast du mich verlassen? Was habe ich verbrochen, daß Du mich von den Höhen des Besitzes hinabstürzest und mich erdrückst unter der Last der harten Armut?

Habe ich nicht gelebt nach Deinem Gebot? Waren meine Handlungen nicht recht und gesetzlich?

Kannst Du mir vorwerfen, daß ich je gearbeitet? Habe ich nicht alle Genüsse gekostet, welche meine Millionen und meine Sinne mir erlaubten? Habe ich nicht Männer, Frauen und Kinder Tag und Nacht bis zur Erschöpfung und darüber hinaus in meinen Dienst gespannt? Habe ich ihnen je mehr als einen Hungerlohn gegeben? Hat mich die Not und die Verzweiflung meiner Arbeiter je gerührt?

Kapital, mein Gott, ich habe die Waren, die ich verkaufte, verfälscht, ohne mich darum zu kümmern, ob ich die Konsumenten vergifte. Bis auf die Haut habe ich die Gimpel gerupft, die auf den Leim meiner Prospekte gegangen.

Ich habe nur gelebt, um zu genießen und mich zu bereichern, und Du hast meine tadellose Aufführung, mein des Lobes wertes Leben gesegnet, indem Du mir gewährtest Frauen und Kinder, Hunde und Knechte, die Freuden des Leibes und die Freuden der Eitelkeit.

Und jetzt habe ich alles verloren und bin ein Ausgestoßener geworden.

Meine Konkurrenten freuen sich über meinen Ruin

und meine Freunde wenden sich von mir ab; sie verweigern mir sogar Vorwürfe und unnütze Ratschläge, sie kennen mich nicht mehr. Meine Mätressen bespritzen mich auf der Straße mit den Karossen, die ich ihnen mit meinen Gelde gekauft.

Das Elend legt sich um mich, gleich den Mauern eines Gefängnisses trennt es mich von der übrigen Menschheit. Ich bin allein und alles in mir und außer mir ist trübe.

Meine Frau, die kein Geld mehr hat, um sich zu schminken und ihr Gesicht zu verkleiden, erscheint vor mir in ihrer ganzen Häßlichkeit. Mein Sohn, erzogen zum Nichtstun, begreift nicht einmal die Tragweite meines Unglücks – Idiot, der er ist! Die Augen meiner Töchter fließen wie zwei Bäche in der Erinnerung an die versäumten Heiratspartien.

Aber was sind die Leiden der meinigen gegen mein Unglück? Da, wo ich als Herr befohlen, jagt man mich fort, wenn ich mich als Untergebener anbiete!

Alles ist Kot und Gestank für mich in meiner Höhle. Mein von der Härte meines Lagers zerschundener und von Wanzen und schmutzigen Insekten zerbissener und zerstochener Körper findet keine Ruhe mehr; meine Seele kostet nicht mehr den Schlaf, der Vergessenheit bringt.

O wie sind die Elenden glücklich, die von jeher nur Armut und Schmutz gekannt! Sie wissen nicht, was zart und lieblich ist, ihre dicke Haut und ihre abgestumpften Sinne empfinden keinen Ekel.

Warum mich das Glück kosten lassen, um mir nichts zu lassen als die Erinnerung, blinkender denn eine Spielschuld?

Besser wäre es gewesen, o Herr, mich in Elend geboren werden zu lassen, als mich zu verdammen, darin zu verkommen, nachdem Du mich im Reichtum erzogen. Was kann ich tun, um mein armseliges Brot zu erwerben? Meine Hände, die nur Ringe getragen und mit Banknoten zu tun gehabt haben, können keinerlei Werkzeug hantieren. Mein Hirn, welches sich nur damit beschäftigte, die Arbeit zu fliehen, von den Ermüdungen des Reichtums auszuruhen, die Langeweile des Nichtstuns loszuwerden und über den Ekel der Übersättigung hinwegzukommen, ist nicht fähig zu der Aufmerksamkeit, die erforderlich ist, Briefe abzuschreiben und Zahlen zu addieren.

Ist es denn möglich, Herr, daß Du einen Menschen so erbarmungslos schlägst, der nie auch nur einem Deiner Gebote ungehorsam war?

O es ist schlecht, es ist ungerecht, es ist unmoralisch, daß ich die Güter verliere, welche die Arbeit anderer so mühsam für mich aufgehäuft hatte.

Wenn die Kapitalisten, meine ehemaligen Genossen, mein Unglück sehen, so werden sie erfahren, daß Deine Gnade Laune ist, daß Du sie gewährst ohne Vorliebe, und sie zurücknimmst ohne Ursache.

Wer wird dann noch an Dich glauben wollen?

Welcher Kapitalist wird verwegen, sinnlos genug sein, Dein Gesetz anzunehmen, sich im Nichtstun, im Prassen und Schlemmen zu verweichlichen, wenn die Zukunft so unsicher, so bedrohlich ist? Wenn der Reiche von heute der Bettler von morgen sein kann?

Die Menschen werden Dir fluchen, Gott-Kapital, wenn sie meine Erniedrigung betrachten, sie werden Deine Gunst zurückweisen.

Um Deines Ruhmes willen setze mich wieder in meine verlorene Position ein. Erhebe mich aus meiner Versunkenheit, denn mein Herz füllt sich mit Galle, und Flüche drängen sich auf meine Lippen!

Wilder Gott, blinder Gott, stupider Gott! Hüte Dich, daß die Reichen nicht endlich ihre Augen öffnen und bemerken, daß sie sorglos und unbewußt am Rande eines Abgrunds wandeln! Zittre, daß sie Dich nicht hineinwerfen, um ihn zu füllen, daß sie sich nicht mit den Kommunisten verbinden, um Dich zu stürzen.

Doch welche Gotteslästerung stoße ich aus?

Mächtiger Gott, vergib mir diese törichten und verbrecherischen Worte. Du bist der Meister, der die Güter austeilt, ohne nach dem Verdienst zu fragen, und sie nach Deinem Gefallen zurücknimmst. Du weißt, was Du tust.

Du zerschmetterst mich in meinem Interesse, zu meinem Wohle prüfst du mich.

O holder und liebenswürdiger Gott, schenke mir Deine Gunst wieder! Du bist die Gerechtigkeit, und wenn Du mich schlägst, so habe ich unbewußt irgend einen Fehl begangen.

O Herr, wenn Du mir meinen Reichtum wiedergäbest, so gelobe ich, Deine Gesetze noch strenger zu befolgen. Ich werde die Lohnarbeiter mehr und besser ausbeuten, die Konsumenten noch listiger betrügen, die Aktionäre noch vollständiger rupfen.

Ich krieche vor dir, wie der Hund vor dem Herrn, der ihn prügelt. Ich bin Deine Sache: Dein Wille geschehe.

Wortgetreue Abschrift bescheinigt
Paul Lafargue

Ein verkaufter Appetit

I

Es war im Monat Dezember. Emile Destouches fror und hatte fürchterlichen Hunger. Schnee bedeckte die Erde und die Sterne glänzten am Himmel; ein eisiger Nordwind durchdrang selbst die dichtesten Kleider und nötigte die wenigen Spaziergänger zu einem beschleunigten Tempo.

Das Gesicht blau und an allen Gliedern zitternd, stand Emile wie festgenagelt vor dem hell erleuchteten Chevetschen Schaufenster.[1] Ein Stör von fünf Fuß Länge prunkte mit seiner Größe auf einem Rasenbett; weiße, fette Hühner, mit den Beinen in der Luft, zeigten arglos ihre Hinterteile; Lerchen, Krammetsvögel und Fettammern hüllten sich frostig in Speckschnitten ein; Äpfel und stolze Birnen, in Papierstreifen eingewickelt, ruhten sanft in kleinen Körbchen; eine riesige Pastete, mit hochfeiner Schlackwurst und weißgefleckten Mortadellen garniert, fesselte ganz besonders seine Aufmerksamkeit; sie war angebrochen und ließ ihr rosiges Fleisch sehen, das mit dunkler Leber und schwarzen Trüffeln durchsetzt war. Emile betrachtete sie mit gierigen Blicken. Der Unglückliche hatte seit zwei Tagen nichts gegessen; ein grimmiger Hunger verzehrte seine Eingeweide, zog seine Kiefermuskeln zusammen und erfüllte seinen Mund mit Speichel. Der Kälte nicht achtend stand er unbeweglich da, festgeheftet vor dem göttlichen Objekte, das seinen Hunger stillen, seine

Leiden beseitigen und ihn mit irdischer Glückseligkeit erfüllen könnte; ein Schaufenster nur trennte ihn von dem Gegenstand seines Verlangens; ein Faustschlag und er zerbrach das Spiegelglas und bemächtigte sich der so heiß begehrten Pastete; ja, er brauchte nur die Türklinke niederzudrücken, die Tür zurückzustoßen, die Arme auszustrecken, und die Freude seines Magens zu ergreifen und seinem Munde zuzuführen, und stattdessen – blieb er fortwährend unbeweglich stehen, sättigte seine Augen und steigerte den Appetit seines Leibes.

Der Naturmensch würde zugegriffen und gegessen haben; er hätte einfach gesagt: »Ich habe Hunger!« Aber die Furcht vor dem Polizeibeamten, vor der Entrüstung der gesamten zivilisierten Masse ob jenem flagranten Verbrechen lähmte Emile und erstickte die Stimme der Natur. Indes, was hatte er zu fürchten, der Elende? Er starb vor Hunger, und, um seine Qualen zu beschließen, dachte er daran, sich zu töten.

»Wozu auch leben? Ich habe heute Hunger und werde morgen Hunger haben, übermorgen und stets! Wozu leben, wenn das Leben weiter nichts ist, als Schmerz und Elend?...Wohlan, man muß damit ein Ende machen! Verzehre mit den Augen deine letzte Mahlzeit!«

In seinem Fieber sprach er mit lauter Stimme.

Ein großer, dicker Herr, im Alter von ungefähr vierzig Jahren, mit schwarzem Bart und schwarzem Haupthaar, mit aufgetriebenem Gesicht und einem enormen Bauch, den ein sehr weiter, nur mit Mühe zugeknöpfter Überrock gerade noch umfaßte, hatte ihn aufmerksam beobachtet und klopfte ihm jetzt auf die Schulter.

»Sie wollen einen Selbstmord begehen?«

»Ja«, erwiderte Emile.

»Sie wollen sich töten, weil Sie Hunger haben?«

»Ja.«

»Sie sind jung und gut gebaut; Sie sind der Mann, den ich brauche. Folgen Sie mir.«

Emile glaubte an einen Retter der Vorsehung; er gehorchte mechanisch. Der Unbekannte trat bei Véfour ein, stieg eine Treppe hoch, begab sich in ein separates Zimmer, setzte sich und lud Emile durch eine vertrauliche Gebärde ein, ihn nachzuahmen.[2]

Ein kleines Brötchen lag auf dem Tische; der Ausgehungerte biß mit allen Zähnen hinein.

»Ein wenig Geduld, mein Freund,« sagte der Unbekannte, »schonen Sie Ihren Appetit, dieses kostbarste aller Güter; warten Sie auf die Geflügelsuppe.«

Im Nu hatte Emile eine ganze Schüssel voll Suppe verschlungen. Die Austern wurden gebracht.

»Sie pfropfen sich ja voll! Das ist reiner Mord, die Ostender mit Brot zu essen; um des Himmels willen, genießen Sie sie doch langsam!«

Der dicke Mann aß nichts; wie bezaubert überwachte und beriet er seinen Tischgenossen.

»Mäßigen Sie sich, kommen Sie nicht wieder auf dieses Wachteln-Frikassee zurück; reservieren Sie sich für den Kapaun von Le Mans. ... Nehmen Sie von diesen kleinen Erbsen; sie kommen von Afrika!

Denken Sie daran, daß ein Hummersalat Sie erwartet.«

Wie ein gewandter Jockey die Glut seines Vollblutrenners zurückhält, so mäßigte er die Gefräßigkeit des jungen Mannes. Er wollte durch berechnete Unterbrechungen und geschickte Verzögerungen sein Glück ins Unbegrenzte verlängern und ihn davon jede Minute kosten lassen. Des öfteren unterbrach sich Emile, um seinem seltsamen Wohltäter zu danken.

»Stören Sie Ihren Appetit nicht durch Worte, – Sie werden sich nicht oft unter gleich günstigen Bedingungen seiner erfreuen. Essen ist eine heilige Pflicht, sämtliche Religionen haben daraus einen ihrer bedeutendsten Riten gemacht. Man sollte eigentlich nur mit religiöser Andacht essen. Die Mönche, diese erhabenen Meister der Gastronomie, verordneten Stillschweigen in ihren Refektorien.«

»Ach! Ich kann nicht mehr. Ich schulde Ihnen tausendfachen Dank.«

»Bewahren Sie ihn für eine bessere Gelegenheit. Ich bin weder ein freidenkender Philanthrop noch ein mildherziger Christ; ich weiß deshalb mit ihrem Dank nichts anzufangen. Nachdem Sie jetzt Ihren Leib befriedigt und Ihr Gehör wiedererlangt haben, hören Sie mich an! Als Sie mit glühenden Blicken das Chevetsche Schaufenster betrachteten, sagte ich mir voller Neid: wenn ich doch einen gleichen Appetit hätte! Das Geld – und ich besitze davon so viel wie ein Jude, verschafft die Vergnügungen des Geistes und der Sinne, aber ich schere mich nicht um dieselben! Ich lebe nur durch den Bauch und für den Bauch! Ich freue mich nur, wenn ich esse, wenn ich trinke; alles andere ist für mich eitel! Ich bin Léon G***. Das will heißen, daß mein politisches Glück eines der ungewöhnlichsten des Jahrhunderts gewesen ist; mit 32 Jahren war ich Diktator von Frankreich. Ich habe die Freuden befriedigten Ehrgeizes kennengelernt, nun – ich würde sie alle, verstehen Sie, alle, hingeben für ein einziges von Trompette, diesem gelehrtesten der Erdensöhne, hergerichtetes Diner.[3] Wenn König Salomon, den Gott mit seiner Weisheit berührt hatte, enttäuscht ausrufen konnte: »Alles ist eitel«, so kam das daher, daß er nur bekannt war mit den Vergnügungen der Liebe und der Alleinherrschaft, daß ihm aber die höchsten Genüsse der Tafel fremd blieben. In der Tat, was ist denn die Liebe? Ein flüchtiges Vergnügen. Die Freuden des Magens sind im Vergleich damit ewig; sie dauern Stunden und aber Stunden. Die Menschheit im allgemeinen ist viel klüger gewesen als Salomon; bei allen Völkern, vom afrikanischen Neger bis zum asiatischen Chinesen ist das Zeichen der Überlegenheit ein gut ausgestopfter Bauch, ein Bauch, der so weit und rund ist wie der Erdball.

Soll ich Ihnen sagen, was meiner Meinung nach eines der größten und charakteristischen Zeitereignisse ist? Es ist eine Medaille, welche im Auftrage von Gelehrten, Künstlern, Philosophen, Schöngeistern, Politikern, der Blüte der intelligenten und verfeinerten Bourgeoisie geschlagen wurde, um die kommenden Jahrhunderte daran zu erinnern, daß sie mitten in dem belagerten, blutbefleckten und vor Hunger heulenden Paris so gut getrunken und gut gegessen haben wie sonst. Es bedurfte einer erhabenen Seelengröße, um sich so über das ringsherum bestehende Elend und den Jammer des Volkes zu erheben, um mit der größten Ruhe und Gelassenheit die heiligste Funktion des Menschen zu erfüllen.[4] Die Inder, diese höchsten Metaphysiker unter den Völkern des Erdballs, geraten in die mystischste Extase bei der Betrachtung ihres Nabels, dieses Kontrollpunktes am menschlichen Bauche. Der Bauch ist der einzige, der wahre Gott der Menschheit; die anderen sind nur falsche, elende Götzen! Aber ich halte ja eine Rede, als wenn ich auf der Tribüne der Kammer stünde; dieser Gegenstand reißt mich immer hin; kehren wir zur Prosa zurück.... Welch trauriges Tier ist doch der Mensch, wie tief unter den anderen Tieren stehend. Er besitzt weder den unendlichen Hals der Giraffe, um lange und langsam das Bouquet der Weine zu kosten, noch den unersättlichen, unermüdlichen Magen der Ente; er badet nicht wie die Eingeweidewürmer in seiner Nahrungsflüssigkeit, indem er durch alle Poren und zu allen Zeiten ißt. Nein, der Magen des Menschen ist beschränkt, und um das Unglück voll zu machen, sind seine Augen größer als sein Magen. Aber wenn mein Magen die menschlichen Schwächen teilt, so kann ich wenigstens seine Macht dadurch erweitern und verstärken, daß ich den Appetit eines andern kaufe, wie andere bereits die Tugend und das Gewissen kaufen. Ich schlage Ihnen vor, mir Ihre Verdauungskraft zu verkaufen, gerade so, wie der Arbeiter seine Muskelkraft, der Ingenieur die Kraft seiner Intelligenz, die Amme ihre Milch und ihre mütterliche Pflege verkauft.«

»Ist es Ihr Ernst?«

»Ganz gewiß. Sie werden den Appetit produzieren und liefern, ich werde für Sie essen und trinken, und sie werden gesättigt sein. Einige Philosophen – o, diese jämmerlichen Zweifüßler! – haben in schulmeisterlicher Weise die Verachtung dessen gelehrt, was sie geringschätzig als Gaumenfreuden bezeichneten; sie sind noch jung und naiv genug, um auf diese Verkehrtheiten etwas zu geben; opfern sie mir Ihren Appetit, und ich liefere Ihnen das nötige Geld, damit Sie die Freuden der

Eigenliebe, sowohl wie der Frauenliebe kennenlernen und genießen; ich werde Ihnen eine monatliche Rente von 1500 Fr. geben.«

»Aber...«

»Kein aber! Sie finden die Summe zu gering; sagen wir 2000. Bedenken Sie, daß Sie heute Abend – wenn Sie auf mein Anerbieten nicht eingehen – nicht wissen werden, wo Sie Ihr Haupt hinlegen sollen; wenn Sie auf den Handel eingehen, so werden die schönen Boulevard-Mädchen Sie in ihr Herz aufnehmen.«

Die Augen Destouches' glänzten.

»Zweitausend Francs den Monat, das gefällt mir! Was habe ich zu tun?«

»Einen Kontrakt vor einem Notar zu unterzeichnen. Sehen Sie mich nicht so an; zum Teufel, ich bin nicht der Satan. Ich bin nur, wie Sie, ein einfacher Sterblicher; aber niemand hat meine Macht besessen. Mein Wissen übersteigt das der anderen Menschen; Napoleon, so mächtig er war, Darwin, so gelehrt er war, konnten nicht zweimal dinieren; ich hingegen besitze diese mysteriöse Fähigkeit. Das XIX. Jahrhundert ist, wie unser großer Philosoph, mein Philosoph, Auguste Comte erklärte, das Jahrhundert des *Altruismus*; in keinem früheren Zeitalter hat man es so vollkommen verstanden, aus einem anderen Nutzen zu ziehen; die Ausbeutung des Menschen durch den Menschen hat eine solche Vollendung erreicht, daß die Ausnutzung selbst der persönlichsten und individuellsten Eigenschaften durch eine dritte Person ermöglicht ist. Indes zwei Fähigkeiten sind bislang dem kapitalistischen Altruismus entgangen: das Schwangerschaftsvermögen der Frau und das Verdauungsvermögen. Niemand ist bisher imstande gewesen, diese in Waren zu verwandeln, sie verkaufbar und kaufbar zu machen, wie es bereits gelungen ist bei der Frische und Unschuld der Jungfrau, bei der Tugend und dem Gewissen des Politikers, dem Geist des Schriftstellers, der Geschicklichkeit des Künstlers und der Kraft des Handarbeiters. Der Mensch, welcher dieses Wunder zustande bringen wird, wird größer sein als Napoleon, als Watt, als Newton, er wird einer der nützlichsten Wohltäter der armen Klassen sein. Die reiche Frau würde, anstatt in ihrem eigenen Schoße ihr Kind neun Monate lang zu tragen, ihr befruchtetes Ei einer Armen übergeben und sie mit der Entwicklung desselben beauftragen; während neun Monaten würde man diese dann verzärteln und aufs Sorgfältigste pflegen; sie würde im Überfluß leben. Der arme Mann würde, anstatt den Hunger zu fürchten, im Gegenteil seinen Appetit kultivieren und ihn dem Reichen verkaufen, dem es stets daran mangelt. Welch ein Erwerb für die Armen! Nun, ich verstehe die Kunst, einen anderen das verdauen zu lassen, was ich esse, aber ich werde sie erst bei meinem Tode enthüllen.«

»Sie scherzen.«

»Nein, mein Lieber. Wenn ich von einem andern mein Diner verdauen lasse, so ist das nicht ungewöhnlicher, als wenn ich einen Gedanken, in demselben Augenblick, wo er in meinem Hirn entsteht, in London und New York ausführen lasse. Ich scherze so wenig, daß ich Ihnen hier die zweitausend Francs für den ersten Monat überreiche.«

Sie begaben sich unverzüglich nach dem Büro des Meisters Caraby, welcher eine sorgfältig detaillierte Urkunde aufsetzte.

Emile Destouches verkaufte auf fünf Jahre seinen Appetit an Léon G***, für zweitausend Francs monatlich. Als der Kontrakt unterzeichnet war, gab man ihm ein Getränk, durch das er in einen tiefen Schlaf versenkt wurde; als er aufwachte, befand er sich in einem der Boulevard-Cafés vor einem Glase Bier und einem dikken Frauenzimmer sitzend, das bei seinem Anblick laut auflachte. Er glaubte zu träumen; er befühlte sich, die Geldstücke – die er eben empfangen hatte – klimperten in seiner Tasche; er hatte keinen Hunger mehr; es war also eingetroffen. Der Teufel allein weiß, wo er den so seltsam begonnenen Abend beschloß.

II

Alles Neue ist schön, sagt das Sprichwort. Anfänglich war Emile Destouches von seinem neuen Leben entzückt. Um 11 Uhr morgens fühlte er, gleich einem von einer Vision befallenen Gläubigen in seinem Magen Speisen und Getränke hinabgelangen, die er weder aß noch trank; er empfand nicht mehr ihren Geschmack, indes war er beauftragt, sie zu verdauen.

Die Mahlzeit, die er durch Vermittlung seines Mietsherrn einnahm, dauerte zwei Stunden; mit schwerem Kopfe und schlaffen Gliedern verbrachte er dann ganze Stunden in einem schläfrigen Zustande, indem er langsam die Speisen und Weine verdaute, die der andere verschlungen hatte. Gegen zwei Uhr machte er einen langen Spaziergang; es war dies eine von den Kontraktbedingungen. Am Abend füllte sich sein Magen von neuem und er verfiel wieder in seine schlangenartige Erstarrung. Da er von Hause aus Landmann war, so gefielen ihm diese eines Gargantua würdigen riesenhaften Mahlzeiten, und in der Zwischenzeit machte er sich durch andere Vergnügungen bezahlt, an die er bis dahin nicht gewöhnt war; er kleidete sich kokett und lief den Frauenzimmern nach.

»Mein Leben gleicht dem der Ente, die man um ihrer fetten Leber willen mästet«... sprach er zu sich, »mein Gaumen freut sich nicht an den Weinen, die ich trinke, noch an den Speisen, die ich verdaue; aber die Menschen, die den Geruch verloren haben, befinden sich in derselben Lage, und überdies, es wird ja nur fünf Jahre so bleiben. Während dieser Zeit bin ich nicht nur von der Anstrengung des Kauens und der Sorge ums tägliche Brot befreit, sondern ich spare jährlich noch fünfzehn bis zwanzigtausend Francs; die Arbeiter, die ihr Leben in den Bergwerken und Spinnereien verbringen, würden mich um mein Geschick beneiden.«

So tröstete er sich, indem er seine Arbeit mit der anderer Arbeiter verglich und indem er sich dabei sagte, daß sie ja doch eine vorübergehende wäre und einmal ein Ende haben würde.

Die Übungen in frischer Luft usw. hinderten jenes Stopfungssystem nicht, auf seine kräftige Gesundheit einzuwirken; er wurde dick, sein Magen träge und seine Stimmung gallig.

Der Notar, Meister Caraby, bei dem er sein monatliches Gehalt erhob, gab ihm einen derben Verweis; er warf ihm vor, daß er seine Nächte bei Frauenzimmern verbringe; dadurch werde sein Appetit abgestumpft und die Kraft seines Magens geschwächt, welche beide ihm indes nicht gehörten, da er sie verkauft habe; er solle sich wie einen Gutsknecht betrachten, den man auf ein Jahr gemietet, und der nicht mehr nach Belieben über seine Zeit und seine Arbeitskraft verfügen könne, deren Verwendung vielmehr nach den Bedürfnissen des Lohnherren geregelt sei.

Emile dachte jetzt daran, sich zu verheiraten und sich auf das Land zurückzuziehen.

»Ich werde jagen, reiten und Ackerbau treiben; mein Magen wird dann seine ursprüngliche Kraft wiedererlangen und die entsetzlichen Schlundanfüllungen meines Herrn ertragen.«

Er reduzierte die Anzahl seiner Venusopfer und verdoppelte seine gymnastischen Übungen; aber in dem Maße, als er seinen Magen kräftigte und dessen Verdauungsfähigkeit vermehrte, vermehrte auch sein Herr die Menge der Lebensmittel, die er in denselben hineinfüllte.

Der Notar fand für ihn ein zur Heirat geeignetes Mädchen von angenehmem Äußeren, aus guter Familie und mit einer begehrenswerten Mitgift. Als die Ehebedingungen verhandelt und geregelt waren, befaßte man sich mit der offiziellen Vorstellung der beiden Verlobten. Emile kam pomadisiert, gebürstet, geschniegelt und gebügelt und freudestrahlend an; er sah sich im Geiste schon als Landbesitzer, wie er die Bebauung seiner Äcker und die Zucht seiner Tiere überwachte. Vor drei Stunden hatte sein Herr seine Bärenmahlzeit beendet, und seiner Gewohnheit nach sollte er Emile die Zeit lassen, sie zu verdauen; aber kaum war dieser in den Salon der Familie seiner Zukünftigen eingetreten, so fühlte er, wie sein noch überladener Magen sich von neuem anfüllte.

Léon G*** hatte an dem Tage soeben in der Kammer eine Niederlage erlitten und seine Stimmung war eine mörderische; um sein politisches Mißbehagen zu vertreiben, schloß er sich zuhause ein, ließ sich eine reiche Mahlzeit servieren und begann mit einer gewissen Wut, wieder zu essen und zu trinken. Die Gerichte, die er verschlang, und die Humpen, die er herabstürzte, waren enorm und folgten einander rasch.

Destouches fühlte, wie seine Magenwände sich bis zum Platzen spannten; er konnte es nicht mehr aushalten und sank in einen Fauteuil; seine Haut bedeckte sich mit eiskaltem Schweiß und Übelkeiten überkamen ihn; – es ward ihm unmöglich, sich länger auf seinem Platze zu behaupten, und indem er alle seine Kräfte zusammennahm, stürzte er aus dem Salon; auf der Treppe gab er dann in großen Strömen die Speisen und Getränke von sich, die sein Herr unaufhörlich verschlang. Aber in dem Maße, als er seinen Magen entleerte, fuhr sein Peiniger fort, diesen wie ein Danaidenfaß immer wieder zu füllen. Emile beschmutzte und verpestete das Haus. Voller Scham schleppte er sich auf die Straße und verzichtete auf seine Heiratsprojekte.

Eines Tages trank sein Herr berauschende italienische Weine. (Italien war das Geburtsland seines Vaters.) Destouches war beim Wettrennen; die Weine stiegen ihm zu Kopf, er rempelte die Leute an, zerriß den Frauen ihre Kleider und ohrfeigte einen Polizeidiener; er wurde verhaftet und wanderte in das Arrestzimmer, um dort seinen Rausch von dem Weine, den er nicht getrunken, auszuschlafen. Am folgende Tage führte man ihn vor den Richter.

»Aufgepaßt«, sprach er zu sich selbst, »ob mein

Trunkenbold seine Zecherei nicht von neuem beginnt!«

Was er befürchtete, traf ein. Die Weindünste, die ihm vom Magen aufstiegen, machten ihn betrunken; er insultierte das Tribunal und wurde während der Sitzung wegen Amtsbeleidigung zu zwei Jahren Gefängnis verurteilt. Zum Glück machte ihn sein Herr nach drei Tagen wieder frei.

Die Magenarbeit wurde für Destouches von Tag zu Tag peinlicher; sein Scheusal wiederholte seine Mahlzeiten drei bis vier Mal des Tages und trank oft bis er berauscht war; um sich zu erleichtern, hatte Emile zum Verfahren der Römer Zuflucht genommen; er steckte den Finger in den Hals und übergab sich dann; aber kaum hatte er seinen Magen entleert, als sein Peiniger denselben wieder belastete. Sein Leben wurde unerträglich. Beim Anblick jedweder Nahrung, selbst des Brotes, wurde ihm übel; er floh die Gesellschaft der Menschen und die Nähe ihrer Wohnungen; er lebte allein mitten auf dem Felde, ging nur des Nachts aus, aus Furcht, irgend einem lebenden Wesen, einem Menschen oder einem Tiere zu begegnen, und arbeitete Tag und Nacht an der Verdauung der pantagruelischen Mahlzeiten seines Arbeitgebers.

Die Furcht vor dem Elend, das er einst so lange und so intensiv kennengelernt, hatte ihn bisher gehindert, seinen Kontrakt zu brechen; aber jetzt war er besiegt. Das Elend und der Hunger waren noch besser als diese entsetzliche Arbeit, als dieser ewig verdauende Magen. Er begab sich zu Meister Caraby mit dem Entschluß zu brechen; der Notar erklärte ihm geradezu, daß das unmöglich sei; er wäre noch für drei Jahre gebunden. Als eine Art Trost fügte er noch hinzu:

»Sie beklagen sich, weiter nichts zu sein als ein Magen, der verdaut; aber alle diejenigen, die ihr Brot durch Arbeiten verdienen, befinden sich in der gleichen Lage wie Sie; sie erlangen ihre Existenzmittel einzig und allein dadurch, daß sie sich dazu verurteilen, nur ein Organ zu sein. Der Arbeiter ist der Arm, der schmiedet, hämmert, hobelt; der Sänger der Kehlkopf, der vokalisiert, girrt und trillert; und die Schreiber in meinem Büro – glauben Sie etwa, daß die sich ihres Hirns bedienen? daß sie über die Akten nachdenken, die sie abschreiben? Nun denn! Sie sind nichts als kritzelnde Finger; in meiner Schreibstube betreiben sie ihre verdummende Arbeit zehn bis zwölf Stunden und dann nehmen sie sich am Abend noch etwas zum Abschreiben nach Hause, um einige Sous mehr zu verdienen. Trösten Sie sich, mein Lieber, diese Menschen leiden mehr denn Sie, und nicht ein einziger erhält für seine Arbeit in einem Jahre so viel als Sie für Ihre Magenarbeit in einem Monat einstecken.«

Emile Destouches verließ die Schreibstube tief betrübt. Er irrte wieder durch die Straßen, wie damals, als der Hunger ihm zusetzte; nie hatte er sich so unglücklich gefühlt; keine Freude mehr in der Gegenwart, keine Hoffnung für die Zukunft; er konstatierte mit Verzweiflung die rasche Erschöpfung seiner Kräfte.

Und während er, den Tod im Herzen, auf gut Glück marschierte, aß und trank sein Herr, sein fröhlicher Herr, und ließ ihm Speisemassen so schwer wie Blei in den Magen fallen.

»Ach! Man spricht von den Qualen eines Komödianten und einer Prostituierten, die bei blutendem Herzen lächelnde Gesichter schneiden müssen, um Lachen und

Freude zu erregen! Aber wenn ich, voll Schmerz und aller Dinge überdrüssig, eine kleine Pause machen will, nur um mich meinen Leiden hinzugeben, so zwingt mich mein Peiniger, dem ich mehr als meine Seele verkauft, zur Arbeit, und zu welcher Arbeit! Zu der allerschrecklichsten! Nur im Tode werde ich Ruhe finden.«

Wahnsinnig vor Schmerz und des Lebens müde ging er die Ufer entlang; das Wasser zog ihn an, er stürzte sich in den Fluß. Er ward wieder herausgefischt, und man trug ihn nach Hause, der durch das kalte Bad ein wenig abgekühlt war.

Am folgenden Tage überbrachte ihm ein stark gebauter, lustiger Bursche einen Brief von seinem Herrn, worin dieser ihm ankündigte, daß er von jetzt an bis zum Ablauf seiner Dienstzeit einen Wächter an seiner Seite haben würde.

»Mein Kleiner«, bemerkte ihm brutal sein Kerkermeister, »keine Possen weiter! Du gehörst nicht mehr Dir, Du hast Deinen Appetit verkauft und bereits 48000 Francs empfangen, Du hast die Pflicht zu leben und hast nicht das Recht, Dich zu töten, – wenn Du Dich umbrächtest, was sollte aus dem Herrn werden? Sein Magen müßte alles verdauen, was er ißt, das ist unmöglich; damit sein Bauch faulenzen kann, muß der Deinige sich zu Tode arbeiten. Also, bei dem ersten Selbstmord-Rückfall, krach! Ich schließe Dich wie einen Verrückten ein, ich habe hierzu jedwede Vollmacht. Aber sei versichert, Du wirst Dein Leben auf der Erde nicht hoch bringen; ich kenne das. Ich habe vor Dir schon zwei von der Sorte bewacht, und sie sind im Laufschritt gestorben. Was für ein Raubtier, unser Brotherr! Der Appetit kommt ihm beim Essen; das macht ihm indes sehr wenig aus; die Indigestionen treffen ja nicht ihn. Er stopft so lange in seine Verdauungs-Maschine hinein, bis diese platzt.«

Infolge von Verdauungsstörungen sterben! So beschaffen war also die Zukunft. Bis jetzt hatte er unter dem Scheine der Freiheit gelebt, gerade wie der Arbeiter, der bei sich zuhause für seinen Herrn arbeitet; aber von heute ab hatte er, gleich dem in der Werkstatt seines Herrn eingeschlossenen Arbeiter, einen Aufpasser, der ihn nicht aus dem Auge ließ. Durch das kolossale Essen seines Herrn niedergedrückt, hatte er die hygienischen Spaziergänge, die in seinem Kontrakt vorgeschrieben waren, eingestellt; er lag Tag und Nacht seiner ganzen Länge nach hingestreckt und rührte sich nicht vom Fleck, ausgenommen behufs Erfüllung der allerdringendsten physiologischen Funktionen. Indes sein Kerkermeister hatte den Auftrag, auf die exakte Ausführung des Mietvertrages zu achten; er sollte auch nicht den Verlust einer einzigen Minute der verkauften, kostbaren Zeit zulassen. Des Morgens bei Beginn der Dämmerung zog er ihn aus dem Bett, zwang ihn, lange Spaziergänge auf den Feldern zu machen, um seinem Lohnherrn einen Morgen-Appetit zu liefern. Am Nachmittag mußte er, obzwar er noch bis zum Halse vollgeladen war und am liebsten unbeweglich liegen geblieben wäre, aufstehen, ja sogar marschieren und fortwährend marschieren, um die Verdauung zu beschleunigen...und für sein Raubtier einen neuen Appetit zu fabrizieren.

Emile hatte Revoltegelüste gegen seinen Vize-Herrn.

»Sträube Dich nicht, mein Kleiner, Du hast es mit einem starken Gegner zu tun – Du wirst zerschmettert werden! Ich habe im Portefeuille die erforderlichen ärztlichen Zeugnisse, die Befehle der Polizeipräfektur und des Gerichts, um Dich nach Bicêtre[5] zu schaffen, und dort werde ich Dich bei dem ersten unbesonnenen Streich, wie die Galeerensklaven, mit dem Stock behandeln!«

Emile war niedergeworfen und ganz dumm geworden; er lebte ohne eigenen Willen, fortwährend verdauend, fortwährend leidend, fortwährend voll Ekel; er stand auf, marschierte, und legte sich zu Bett, ganz nach dem Kommando seines Wächters, stumm wie ein Hund, den man ordentlich gepeitscht hat und der nicht zu bellen wagt.

Eines Tages hatte sein Herr eine noch fürchterlichere Mahlzeit genommen als gewöhnlich; er hatte ganze Schüsseln von Bouillabaise gefressen, Seekrebse hinuntergestopft, ganz Pfunde Öl-Brandade, rohes und schwer verdauliches Fleisch pfundweise verschlungen, alles mit ganzen Bergen von Makkaroni bedeckt. Emile war wie zerschlagen, lag zwei Stunden in einem schweren Schlafe, dann wurde er auf seinen Verdauungsspaziergang geschickt; die ungeheure Masse unverdauter Nahrungsmittel lag ihm wie eine tote Last schwer auf dem Magen. Er ging schwerfällig an der Seite seines Wächters; da, wo der Weg eine Krümmung macht, stieß er auf eine vergnügte Truppe von Männern und Frauen, welche lachten und schwatzten. Léon G*** befand sich unter ihnen, er war der heiterste; sein breites, weithin schallendes Gelächter tönte wie eine Fanfare; seine Gefährten waren außer sich vor Vergnügen, indem sie ihm zuhörten.

Welch grobe und plumpe Heiterkeit, dachte der

gelbe, magenkrämpfige, schwarzgallige Challemel-Lacour; sollte man wohl glauben, daß dieses Tier sich eben mit Lebensmitteln vollgepfropft hat, welche zehn verhungerte Bauern in Schrecken versetzt hätten? und ihn geniert das gar nicht!

Der Anblick seines glücklichen und gut gelaunten Herrn gab Emile einen Entschluß ein; er stürzte durch die Menge und warf sich zu seinen Füßen. Er weinte, erzählte seine Leiden, seinen Ekel, flehte um seine Erlösung, erbot sich, das empfangene Geld zurückzugeben; er verlangte nur, ausruhen zu dürfen und nicht länger für einen anderen verdauen zu müssen.

»Was will dieser närrische Schwachkopf von mir?« sagte Léon G*** geringschätzig, indem er ihn mit dem Fuße fortstieß.

Der Wächter faßte Emile beim Kragen und schleppte ihn querfeldein mit sich fort; als sie erst zuhause waren, besorgte er ihm eine Bastonade.

»Das wird Dich lehren, den Brotherrn zu belästigen!«

Destouches hatte sich passiv unterworfen, aber selbst ein Lamm kann rasend werden.

»Ich habe gearbeitet und habe mich gequält; ich habe alles ertragen, ich habe geweint, ich habe gefleht und ich bin geschlagen worden. Da nun der Tod nach Ablauf einer kurzen Frist doch einmal mein Los ist, ein schrecklicher, ekelhafter Tod, so habe ich nichts zu verlieren; um mich frei zu machen, muß ich alles wagen.«

Er entwischte der Aufsicht seines Hüters und lief zu seinem Peiniger. Léon G*** wollte sich gerade zu Tisch setzen; er war zum Scherzen aufgelegt und kupferrot im Gesicht; frisch und gesund und von ruhigem Gewissen. Als er Emile zerzaust, mit fliegenden Haaren, wild, die Pistole in der Hand haltend erblickte, wurde er von Schrecken ergriffen.

»Zu Hilfe«, schrie er, »mordet mich nicht!«

»Feigling! Seit zwei Jahren folterst Du mich, damit Du schlemmen kannst! Du hast andere vor mir gemordet! Du wirst noch andere nach mir morden! Nun wohl, Du wirst nichts mehr essen!«

Mit einem Revolverschuß streckte er ihn zu Boden. Er hielt ihn für tot, eilte nach der Polizeiwache des Bezirks, und erzählte seine Geschichte dem Kommissar, der ihn für verrückt hielt. Sein Wächter, der ganz atemlos ankam, bestätigte diese Meinung; Irrenärzte bestätigten sie mit wissenschaftlichen Gründen. Nach einigen Wochen starb Léon G*** an seiner Bauchwunde und nahm sein Geheimnis mit ins Grab.

Emile Destouches ist gegenwärtig in Bicêtre eingesperrt, wo er sich Duschen und Zwangsjacke dafür gefallen lassen muß, daß er seinen Appetit verkauft hat.

Laura Lafargue

Anmerkungen

Das Recht auf Faulheit

Der deutschen Ausgabe von 1887 geht folgendes Vorwort des Übersetzers (Eduard Bernstein) voran:

Als ich mich seinerzeit entschloß, die vorliegende kleine Schrift meines Freundes Lafargue den deutschen Arbeitern zu unterbreiten – sie erschien zuerst als Feuilleton im ›Sozialdemokrat‹ –, da ward mir von verschiedenen Seiten die Befürchtung geäußert, sie werde mißverstanden werden, der Titel allein genüge, böses Blut zu machen, und anderes mehr.

Indes, die Furcht stellte sich als unbegründet heraus, es liefen keine Reklamationen ein, vielmehr fanden die Artikel so viel Anklang, daß die Herausgabe des Ganzen in Broschürenform wünschenswert erschien.

Diese deutsche Übersetzung ist nicht ganz wörtlich. Im Einverständnis mit dem Verfasser sind einige nicht unbedingt zum Thema gehörige und nur für französische Leser verständliche Sätze fortgeblieben, während an anderen Stellen auf deutsche Verhältnisse passende Einschaltungen vorgenommen, deutsche Persönlichkeiten an Stelle französischer zur Exemplifizierung benutzt wurden. Nur so war es möglich, der Schrift den Charakter der Satire zu erhalten. Auch die Kapiteleinteilung ist eine andere als die des Originals.

Im übrigen seien hier die Worte wiederholt, mit denen die Redaktion des ›Sozialdemokrat‹ seinerzeit die Publikation einleitete:

»...So denken wir uns den Dank unserer Leser dadurch zu verdienen, daß wir sie mit einer Schrift bekannt machen, welche mit ihrem beißenden Sarkasmus, mit ihrer rücksichtslosen Offenheit vortrefflich geeignet ist, mit allerhand Vorurteilen, die sich bis in unsere Reihen eingeschlichen haben, tüchtig Kehraus zu machen. Die Biedermeierei, die in Deutschland das große Wort führt und über die ›Frivolität‹ eines Heine augenverdrehend zetert, darf in unserer Partei keinen Widerhall finden. Mehr als je müssen wir vielmehr gegen

Scheinheiligkeit und Duckmäuserei ankämpfen und uns vor allem daran gewöhnen, offen auszusprechen, was wir für recht halten, und unbefangen zu prüfen, was neu an uns herantritt.

Unbefangen prüfen, das ist es auch, was wir den Lesern in bezug auf die Lafarguesche Schrift empfehlen. Nicht aus polemischen Gründen bringen wir sie zum Abdruck – wenn wir polemisieren, so tun wir dies offen und ohne Rückhalt –, sondern ihrer unleugbaren Vorzüge wegen. Sie enthält in knappster Form eine Fülle von anregenden Gedanken sowie von beweiskräftigem Material für unsere Sache, so daß selbst der sie mit Frucht lesen wird, dem ihre ›Moral‹ oder ›Immoral‹ – wie man's eben nehmen will – doch einige ›Bedenken‹ erregt.«

Eine Bemerkung zum deutschen Text dieser Ausgabe:

Eduard Bernsteins Übersetzung entspricht nicht ganz dem Originaltext, wie er in seiner Vorrede bemerkt. Jedoch die Personen und Ereignisse aus der Zeit des deutschen Kaiserreichs, die Bernstein an die Stelle der französischen Namen setzte, sagen dem heutigen Leser kaum noch etwas. Daher erschien es sinnvoll, das Original wiederherzustellen. Denn alle ›Aktualisierungen‹ und ›Verbesserungen‹ werden früher oder später auch wieder veralten und unverständlich werden; jedenfalls machen sie das Original unkenntlich. So wurde die hier vorliegende Fassung anhand des französischen Textes von 1883 hergestellt, der nur leicht von dem der ersten Ausgabe aus dem Jahr 1880 abweicht. Damit wird erstmals der vollständige deutsche Text vorgelegt, der jedoch im wesentlichen auf Bernsteins Übersetzung basiert. Die folgenden Anmerkungen ohne Klammern sind von Lafargue; die Anmerkungen in Klammern enthalten einige Hinweise des Herausgebers dieser Ausgabe.

1 (Adolphe Thiers, 1797-1877, französischer Politiker und Historiker, Ministerpräsident 1836 und 1840, nach der Februarrevolution 1848 konservativer Republikaner, führend beteiligt an der Niederschlagung der Pariser Kommune von 1871, 1871-73 Präsident der Republik, schrieb mehrbändige Geschichtswerke über die französische Revolution und die Herrschaft Napoleons.)

2 Descartes, Les Passions de l'âme (Die Leidenschaften der Seele).

3 Dr. Beddoe, Memoirs of the Anthropological Society; Ch. Darwin, Descent of man.

4 Oft sind die europäischen Forscher ganz betroffen von der körperlichen Schönheit und der stolzen Haltung der Angehörigen primitiver Völkerschaften, welche noch nicht von dem ›vergifteten Hauch der Zivilisation‹, um mit Pöppig zu reden, befleckt sind. Von den Ureinwohnern der australischen Inseln schreibt Lord George Campbell: »Kein Volk der Welt frappiert mehr im ersten Augenblick. Ihre ebene, kupferfarben schimmernde Haut, ihr gelocktes vergoldetes Haar, ihre schöne und anmutige Figur, mit einem Wort ihre ganze Persönlichkeit stellte ein neues und glänzendes Muster der *Gattung Mensch* dar; ihre physische Erscheinung machte den Eindruck einer der unserigen überlegenen Rasse.« Mit derselben Bewunderung betrachteten die Zivilisierten des alten Rom, ein Cäsar und Tacitus, die Germanen der kommunistischen Stämme, die in das römische Reich eindrangen. Gleich Tacitus stellte *Salvian*, der der ›Lehrer der Bischöfe‹ genannt wurde, im 5. Jahrhundert den Zivilisierten und Christen die Barbaren als Muster hin: »Wir sind unzüchtig inmitten von Barbaren, die keuscher sind als wir. Mehr noch; die Barbaren nehmen an unserer Unzucht Anstoß. Die Goten dulden keinen Wüstling ihres Stammes unter sich; nur die Römer in ihrer Mitte haben dank dem traurigen Privilegium ihres Namens und ihrer Nationalität das Recht, unrein zu sein. (Die Päderastie war damals bei Heiden und Christen stark in Mode.) – Die Unterdrückten gehen zu den Barbaren, Menschlichkeit und Schutz zu suchen.« (*De gubernatione Dei*). Die alte Zivilisation und das aufstrebende Christentum korrumpierten die Barbaren der alten Welt geradeso, wie das altersschwache Christentum und die moderne kapitalistische Zivilisation die Wilden der neuen Welt korrumpieren.

Herr F. Le Play, dessen Beobachtungstalent man anerkennen muß, selbst wenn man seine mit philanthropischer und christlicher Spießbürgerei versetzten soziologischen Schlüsse verwirft, sagt in seinem Buch *Les Ouvriers européens* (1855): »Der Hang der *Baschkiren* zur Faulheit (Baschkiren sind halbnomadische Hirten im Ural), die mit dem Nomadenleben verbundene Muße sowie die Gewohnheit des Nachdenkens, welche erstere bei den besser begabten Individuen hervorrufen, haben bei diesen Leuten oft eine Feinheit der Manieren, eine Schärfung von Intelligenz und Urteil zur Folge, wie man sie in einer höheren Zivilisation auf dem gleichen sozialen Niveau selten findet... Was ihnen am meisten zuwider ist, sind die Ackerarbeiten; sie tun eher alles andere, als daß sie sich zum Beruf des Ackerbauers entschließen.« In der Tat ist der Ackerbau die erste Erscheinungsform knechtischer Arbeit in der Menschheit. Nach der biblischen Überlieferung ist der erste Kriminelle, Kain, ein Ackerbauer.

5 Das spanische Sprichwort sagt: *Descansar es salud*, sich ausruhen ist gesund.

6 O Melibäus, ein Gott schenkte uns diesen Müßiggang. Vergil, Bucolica. Siehe den Anhang.

7 Matthäusevangelium, Kapitel 6.

8 (Auvergnaten, Bewohner der Auvergne, einer mittelfranzösischen Landschaft um die Stadt Clermont-Ferrand.)

9 Ein Essay über Gewerbe und Handel. (Dasselbe Zitat bei Marx, Kapital Bd.I, 8. Kapitel, 5. Dort heißt es auch: »Unter den Anklägern der Arbeiter ist der grimmigste der im Text erwähnte anonyme Verfasser von ›An Essay on Trade and Commerce: containing Observations on Taxation etc.‹, London 1770.« Und er führt einen anderen Autor mit dem Sprichwort an: »all work and no play (nur Arbeit und kein Spiel) macht dumm.«)

10 Auf dem ersten Wohltätigkeitskongreß (Brüssel 1857) erzählte ein Herr *Scrive*, einer der reichsten Manufakturisten von Marquette bei Lille, unter dem Beifall der Kongreßmitglieder und mit der Genugtuung erfüllter Pflicht: »Wir haben einige Zerstreuungsmittel für Kinder eingeführt. Wir lehren sie während der Arbeit singen, während der Arbeit zählen. Das unterhält sie und läßt sie mutig *die zwölf Stunden Arbeit antreten, welche nötig sind, um ihnen ihren Lebensunterhalt zu verschaffen*.« 12 Stunden Arbeit, und welcher Arbeit! Kin-

dern aufgebürdet, die noch nicht 12 Jahre alt sind! – Die Materialisten werden ewig bedauern, daß es keine Hölle gibt, in welche man diese Christen, diese Philanthropen, diese Henker der Kindheit spedieren kann!

11 (›Recht auf Arbeit‹ und ›Organisation der Arbeit‹ waren die Hauptforderungen der revoltierenden Pariser Arbeiter im Jahr 1848. Sie wurden besonders von Louis Blanc und auch von den Fourieristen propagiert. Näheres siehe bei Rudolf Singer, Das Recht auf Arbeit in geschichtlicher Darstellung, Jena 1895.)

12 (Jules Simon, 1814-1896, franz. republikanischer Politiker und Philosophieprofessor, Mitglied der Akademie der moralischen und politischen Wissenschaften, war Erziehungsminister, hat einige Bücher zur sozialen Frage veröffentlicht: L'Ouvrière (1866), Le Travail (1866), L'Ouvrier de huit ans (1867).

Der Graf de Germiny war ein bei den Jesuiten erzogener, äußerst kämpferischer klerikaler Politiker; 1876/77 verursachte er einen Skandal, als er von Zivilpolizei in einer Bedürfnisanstalt der Champs-Elysées aufgegriffen wurde, während er mit einem anderen ›obszöne Berührungen‹ ausgetauscht haben soll. Vor der Polizei sagte er aus, daß er sich selbst über die schimpflichen Tatsachen, von denen er häufig habe reden hören, ein Bild machen wollte. Auch auf diese Historie bezieht sich vielleicht das ›jesuitische‹ des Textes, das auch heuchlerisch bedeutet.)

13 (Auguste Comte, 1798-1857, franz. Mathematiker, Philosoph und Soziologe; begründete den Positivismus mit seinem Werk ›Cours de philosophie positive‹, in dem er seine Methode erläutert, nach der man sich nur mit experimentell erfahrbaren Tatsachen und ihren Beziehungen untereinander zu befassen habe. Stellte ein sogenanntes Gesetz auf, nach dem der menschliche Geist drei Stadien, den theologischen, den metaphysischen und den positiven durchlaufe. Nach 1845 machte er aus seiner Philosophie eine Religion, wurde mystisch und ernannte sich zum Großpriester der Humanität.

Paul Leroy-Beaulieu, 1843-1916, franz. liberalistischer Ökonom.

Victor Hugo, 1802-1885, der bekannte franz. Dichter und Romancier, war die führende Figur in der romantischen Literatur. Einer von Lafargues liebsten Prügelknaben, z.B. in seiner Schrift ›La légende de Victor Hugo‹.

Paul de Kock, 1794-1871, schrieb große Mengen leichter Genreromane, Melodramen, komischer Opern und Vaudevilles.)

14 (Wohl der franz. Moralist Jean de la Bruyère, 1645-1696, der in seinen Caractères die Bauern und Landarbeiter als die wahren Menschen preist, die allerdings von Schwarzbrot, Wasser und Wurzeln leben müssen; de l'homme 128.)

15 Rede, gehalten im Mai 1863 in der Pariser internationalen Gesellschaft für praktische sozialökonomische Studien, und veröffentlicht im *Economiste Français* desselben Jahres.

16 L.-R. Villermé: *Ein Bild von dem physischen und moralischen Zustand der Arbeiter in den Seiden-, Wollen- und Baumwollfabriken* (Tableau de l'état physique et moral des ouvriers dans les fabriques de coton, de laine et de soie, 1840). Nicht etwa weil die Dollfus, die Köchlin und andere elsässische Fabrikanten Republikaner, Patrioten und protestantische Philanthropen waren, behandelten sie ihre Arbeiter so; denn die Herren Blanqui, der Akademiker, Reybaud, der Prototyp des Jérôme Paturot, und Jules Simon, der politische Besserwisser, haben ein gleiches Wohlleben bei den Arbeitern der sehr katholischen und sehr monarchischen Fabrikanten in Lille und Lyon konstatiert. Das sind kapitalistische Tugenden, die in entzückender Weise mit jeder politischen Richtung, mit jeder Religion harmonieren.

(Adolphe Blanqui, 1798-1854, liberalistischer Ökonom, Anhänger von J.-B. Say, Mitglied der Akademie der moralischen Wissenschaften, Bruder des Revolutionärs Louis Auguste Blanqui.

Jérôme Paturot, eine Romanfigur von Louis Reybaud, 1799-1879), die für den ambitionierten Ignoranten steht, der sich zu allem fähig fühlt und zu nichts taugt.

Jules Simon, s. Anm. oben.)

17 Die Indianer der kriegerischen Stämme Brasiliens töten ihre Schwachen und Alten; sie bezeugen ihre Freundschaft, indem sie einem Leben ein Ende machen, das nicht mehr von den Kämpfen, den Festen und Tänzen erfreut wird. Alle primitiven Völker haben den ihren diesen Beweis der Zuneigung gegeben: Die Massageten des Kaspischen Meeres (Herodot) genauso wie die Wenden Deutschlands und die Kelten Galliens. In den Kirchen Schwedens bewahrte man noch vor kurzem die *Familienkeulen* genannten Keulen auf, die dazu dienten, die Eltern von der Trübsal des Alters zu erlösen. Wie sehr degeneriert sind die modernen Proletarier, daß sie das schreckliche Elend der Fabrikarbeit geduldig akzeptieren!

18 (Antoine-Louis-Claude, comte de Destutt de Tracy, 1754-1836, franz. Ökonom und sensualistischer Philosoph. Auch dieses Zitat entnahm Lafargue dem Marxschen Kapital, Bd.I, 23. Kap., 4.)

19 (Joseph Townsend, 1739-1816, engl. Geistlicher und Soziologe, dessen Bevölkerungstheorie Malthus beeinflußte. Dieses Zitat findet sich im 1. Bd. des Kapital kurz vor dem Satz Destutt de Tracys)

20 (Im franz. Text: ouvrières ovalistes) Ovaliste: Ein Arbeiter, der die Seiden zwirnt.

21 (Im franz. Text: moulineuses) Moulineur: Ein Arbeiter, der die Rohseidenfäden zieht und zwirnt.

22 (Anspielung auf Leon Gambetta, 1838-1882, franz. Politiker, den Lafargue auch im ›Verkauften Appetit‹ vorknöpft. Die Bedeutung ist nicht klar; vielleicht weigern sie sich oder protestieren? Dann handelt es sich um eine Anspielung auf den berühmten Satz Gambettas gegenüber Mac-Mahon: ›Er wird sich unterwerfen müssen oder abtreten müssen.‹)

23 Auf dem am 21. Februar 1879 in Berlin stattgefundenen Kongreß deutscher Industrieller schätzte man den Verlust, den allein die Eisenindustrie Deutschlands während der letzten Krisis erlitten, auf 568 Millionen Francs.

24 Die *Justice* des Herrn Clemenceau sagte im finanziellen Teil ihrer Nummer vom 6. April 1880: »Wir haben die Meinung aussprechen hören, daß die Milliarden des Krieges von 1870, auch wenn die Preußen sie uns nicht abgenommen hätten, für Frankreich *gleichwohl verloren* gegangen wären; und zwar in der Form der von Zeit zu Zeit aufgelegten Anleihen zum Ausgleich der Budgets fremder Staaten; das ist auch unsere Ansicht.« Man schätzt den Verlust, den englisches Kapital bei der Kreditvergabe an die südamerikanischen Republiken erlitten, auf fünf Milliarden — die französischen Arbeiter haben nicht nur die an Herrn Bismarck gezahlten fünf Milliarden erarbeitet, sie müssen auch die fetten Zinsen aufbringen, welche die Verschulder des Kriegs und der Niederlage, die Olivier, die Girardin, die Bazaine und andere Besitzer von Rententiteln einstreichen. Indes bleibt ihnen ein Trost: diese Milliarden werden keinen Wiedereintreibungskrieg zur Folge haben.

25 (Der einleitende Satz und das folgende Antipatroszitat finden sich genauso im ersten Band des Kapitals. Das Zitat entnahm Marx folgendem Werk: ›Gedichte aus dem Griechischen übersetzt von Christian Graf zu Stolberg‹, Hamburg 1782. Marx schreibt zu dem Zitat: »Ich gebe hier die Stolbergsche Übersetzung des Gedichts, weil es ganz so wie die früheren Zitate über Teilung der Arbeit den Gegensatz der antiken Anschauung zur modernen charakterisiert.«)

26 Unter dem Ancien Régime garantierten die Gesetze der Kirche den Arbeitern 90 Ruhetage (52 Sonntage und 38 Feiertage), während deren es streng untersagt war zu arbeiten. *Das* war das große Verbrechen des Katholizismus, die Hauptursache der Irreligiosität des industriellen und handeltreibenden Bürgertums. Sobald dasselbe in der Französischen Revolution ans Ruder kam, schaffte es die Feiertage ab und ersetzte die Woche von sieben Tagen durch die zehntägige Woche. Es befreite die Arbeiter vom Kirchenjoch, um sie um so strenger unter das Joch der Arbeit zu spannen.

Der Haß gegen die Feiertage macht sich erst in dem Moment bemerkbar, wo die moderne industrielle und kommerzielle Bourgeoisie auf die Bühne tritt, d.h. im 15. und 16. Jahrhundert. Heinrich IV. verlangte ihre Reduktion vom Papst;

dieser schlug ihm dieselbe ab, weil »eine der Ketzereien, die heute umsichgreifen, darin besteht, die Feiertage anzurühren«. (Brief des Kardinals d'Ossat.) Aber 1666 verbot Perefixe, Erzbischof von Paris, siebzehn derselben. Der Protestantismus, diese den neuen Handels- und Industriebedürfnissen der Bourgeoisie angepaßte christliche Religion, kümmert sich wenig um die Erholung des Volkes; er entthronte die Heiligen im Himmel, um ihre Feste auf Erden abschaffen zu können.

Die Religionsreform und das philosophische Freidenkertum waren nichts als Vorwände, um der heuchlerischen und gierigen Bourgeoisie zu erlauben, die beim Volk beliebten Feiertage verschwinden zu lassen.

27 Diese pantagruelischen Feste dauerten Wochen. Don Rodrigo de Lara erwarb seine Braut durch Vertreibung der Mauren aus Calatrava la Vieja, und der *Romancero* erzählt:
Las bodas fueron en Burgos,
Las tornabodas en Salas:
En bodas y tornabodas
Pasaron siete semanas.
Tantas vienen de las gentes,
Que no caben por las plazas...
(Die Hochzeit ward in Burgos, die Heimkehr von der Hochzeit in Salas gefeiert; mit Hochzeits- und Heimkehrfeier vergingen sieben Wochen; so viel Leute strömten herbei, daß die Räume sie nicht fassen konnten...) Die Männer dieser Hochzeitsfeste von sieben Wochen waren die heroischen Soldaten der Unabhängigkeitskriege.

28 (Thomas Robert Malthus, 1766 -1834, engl. Geistlicher und Ökonom; behauptete, daß Überbevölkerung und Armut normal seien, da die Menschen dazu neigten, sich unbegrenzt zu vermehren, während die Lebensmittel nur begrenzt vermehrt werden könnten. Seine Bevölkerungstheorie war als menschenmörderisch verschrien, da er Armenfürsorge ablehnte, weil sie nur dazu führe, daß sich die Armen noch stärker vermehrten; trat für sexuelle Enthaltsamkeit ein.)

29 (Der franz. Text spielt mit der Doppeldeutigkeit von ›Mercure‹, das gleichzeitig den Liebesboten Merkur wie das

Quecksilber bezeichnet, mit dem man früher Syphilis behandelte.)

30 Karl Marx, Das Kapital (Bd.I, 13. Kap., 6.)

31 »Die Proportion, in der die Bevölkerung eines Landes als Dienstboten der wohlhabenden Klassen beschäftigt ist, charakterisiert seinen Fortschritt im nationalen Reichtum und in der Zivilisation.« R. M. Martin, *Ireland before and after the Union*, 1818. Gambetta, der die soziale Frage leugnete, seitdem er nichts weiter als der dürftige Advokat des Café Procope war, wollte ohne Zweifel von dieser ständig wachsenden Dienstbotenklasse sprechen, als er das Entstehen neuer gesellschaftlicher Schichten forderte.

32 (Der Spruch ›Wer nicht arbeiten will, soll auch nicht essen‹ findet sich zuerst im Neuen Testament, im zweiten Brief des Paulus an die Thessalonicher, 2 Thess 3,10; im modernen politischen Diskurs wurde meist die verkürzte Variante ›Wer nicht arbeitet, soll auch nicht essen‹ verwendet, die, genau genommen, unlogisch ist, weil sie dazu aufrufen würde, man solle Arbeitsunfähige verhungern lassen. In dieser Fassung findet sich der Spruch auch bei Lenin, Staat und Revolution, als ›sozialistisches Prinzip‹, sowie in der ersten Verfassung der Sowjetunion.)

33 Zwei Beispiele: Die englische Regierung mußte, um den indischen Gebieten zu gefallen, die, obwohl sie regelmäßig von Hungersnöten verwüstet werden, versessen Mohn anstelle von Reis oder Getreide anbauen, blutige Kriege unternehmen, um die chinesische Regierung zur freien Einfuhr des indischen Opiums zu zwingen. Die Wilden Polynesiens mußten sich, unbekümmert darum, daß es die Ursache ihres Aussterbens ist, englisch kleiden und auf englisch besaufen, um die Produkte der schottischen Brennereien und der Textilfabriken von Manchester zu konsumieren.

34 Paul Leroy-Beaulieu, La Question ouvrière au XIXe siècle (Die Arbeiterfrage im 19. Jahrhundert), Paris 1872.

35 Hier ist, nach dem berühmten Statistiker R. Giffen, vom Büro für Statistik in London, die stetige Steigerung des nationalen Reichtums von England und Irland:

1814 betrug er 55 Milliarden Francs
1865 betrug er 162 ½ Milliarden Francs
1875 betrug er 212 ½ Milliarden Francs

36 Louis Reybaud, Le coton, son régime, ses problèmes (Die Baumwolle, ihr Reich und ihre Fragen), Paris 1863.

37 Sie tun, als seien sie Curiusse, leben aber wie bei Bacchanalien, Juvenal (Satiren 2,3).

(M. Curius Dentatus, römischer Feldherr des 3. Jahrhunderts, Besieger des Pyrrhus, galt wegen seiner Tugenden der Einfachheit und Unbestechlichkeit als Muster eines Römers; die Bacchusfeste waren sprichwörtlich für ihre Orgien.)

38 (François Rabelais) Gargantua und Pantagruel II,34.

39 (Léon Gambetta, s. d. Anm. oben;

Paul Granier de Cassagnac, 1843-1904, franz. Publizist und Politiker, war ein aggressiver Polemiker und, wie sein Vater, bekannt für seine zahlreichen Duelle.)

40 (Pierre-Joseph Proudhon, 1809-1865, franz. Publizist und Ökonom, einer der Begründer des Anarchismus;

Amédée-Jérôme Langlois, Anhänger Proudhons.)

41 (an einem niedrigen Wesen)

42 Herodot, Historien II 167. Trad. Larcher, 1786.

(Die Lakedämonier oder Spartaner waren für den brutalen Umgang mit ihren Arbeitskräften, den Heloten, bekannt: vgl. Plutarch, Leben des Lykurg, 28. Abschnitt, wo u. a. die Sitte beschrieben ist, nach der besonders die tapfersten Heloten regelmäßig umgebracht wurden, um Aufständen vorzubeugen. Dieses Zitat, wie die folgenden aus antiken Schriftstellern, entnahm Lafargue dem ersten Kapitel des Buches ›Du Droit a L'Oisiveté et de l'organisation du travail servile dans les républiques grecques et romaine‹ von L.-M. Moreau-Christophe, Paris 1849.)

43 Biot, De l'abolition de l'esclavage ancien en Occident (Über die Abschaffung der alten Sklaverei im Okzident) 1840.

44 Titus Livius, 1. Buch.

45 (Die im Text angeführten Sätze stehen so nicht bei Platon; Lafargue übernahm sie von Moreau-Christophe; sie fassen einige platonische Ansichten aus den Schriften Der Staat (politeia) und Die Gesetze (nomoi) zusammen. Die Vorschrift über die Gefängnisstrafe für Bürger, die Handel treiben, findet sich nomoi 919e/920a.)

46 Cicero, Von den Pflichten I, 42. (Auch dieses Zitat entspricht nicht ganz dem originalen Cicero.)

47 (Victor Cousin, 1792-1867, Philosophieprofessor und Haupt der von ihm so benannten eklektischen Schule;

Elme-Marie Caro, 1826-1887, Philosophieprofessor an der Sorbonne;

Jules Simon, war Schüler Cousins und verfaßte dessen Biographie, s. a. d. Anm. oben; alle drei waren Modephilosophen der Zeit.)

48 Platon, Der Staat, Die Gesetze; Aristoteles, Politik Buch 2 und 7; Xenophon, Oikonomikos 4 und 6; Plutarch, Leben des Lykurg.

49 (Fréderic Bastiat, 1801- 1850, franz. liberalistischer Ökonom; Dupanloup, 1802-1878, Bischof von Orléans, schrieb Broschüren zur Verteidigung der katholischen Interessen; Beaulieu, s. d. Anm. oben zu Leroy-Beaulieu.)

50 (Aristoteles, Politik 1253b; Bernsteins Text hat das folgende Marxzitat zusätzlich in der Fußnote: » ›Die Heiden, ja die Heiden!‹ Sie begriffen, wie der gescheite *Bastiat* entdeckt hat und vor ihm der noch klügere *Mac Culloch*, nichts von politischer Ökonomie und Christentum. Sie begriffen u.a. nicht, daß die Maschine das probateste Mittel zur Verlängerung des Arbeitstages ist. Sie entschuldigten etwa die Sklaverei des einen als Mittel zur vollen menschlichen Entwicklung

des anderen. Aber Sklaverei der Massen predigen, um einige rohe oder halbgebildete Emporkömmlinge zu ›eminent spinners‹, ›extensive sausage makers‹ und ›influential shoe black dealers‹ (hervorragenden Spinnern, Wurst-Großfabrikanten, einflußreichen Schuhwichshändlern) zu machen, dazu fehlte ihnen das spezifisch christliche Organ.« K. Marx, Das Kapital, 2. Auflage, S.428.)

Die Religion des Kapitals

1 Wir bedauern, daß der beschränkte Raum es uns unmöglich macht, die bedeutenden Reden wörtlich wiederzugeben, die auf diesem Kongreß gehalten wurden, an welchem die Spitzen der Wissenschaft, der Philosophie, der Religion, der Politik, der Finanz, der Industrie und des Handels teilnahmen. – Wir verweisen den der englischen Sprache mächtigen Leser auf den von Herrn Spencer im Aprilheft 1884 der ›Contemporary Review‹ veröffentlichten Artikel: *The coming slavery* (Die herannahende Sklaverei), in welchem dieser Philister von Philosoph Zellengefängnis und Peitsche für die Beherrschung der niederen Klasse empfahl.

2 Der Katechismus spielt hier auf eine Tatsache an, die in *Frankreich* passiert ist, und die seine Verfasser zweifelsohne in allen Ländern verallgemeinert sehen wollen. Man benutzte die in den Sparkassen deponierten Summen, um die auf 1200 Millionen angelaufene schwebende Schuld zu bezahlen. Bei dieser Gelegenheit machen wir auf den echt internationalen Charaktere des Katechismus aufmerksam, der die Rechte und Pflichten der Proletarier ohne Unterschied des Landes und der Rasse formuliert.

3 Ist in Frankreich geschehen. Die Verfasser sahen wahrscheinlich voraus, daß die Geschichte sich in andern Ländern wiederholen werde, und wollen die sparenden Arbeiter darauf vorbereiten.

4 Der Legat des Papstes spielt hier zweifelsohne auf den Satz im Buch der Könige an: ›Und er (Josia) zerstörte die Häuser der Sodomiter, die an dem Hause des HErrn waren,

darinnen die Huren Zelte wirkten.‹ (2. Buch der Könige, Kap. 23, Vers 7) Im Tempel der Mylitta hatten die Prostituierten Babylons ähnliche Quartiere.

5 Die Verfasser der Predigt zeigen sich hier von einem Gedanken Auguste Comtes durchdrungen. Der Stifter des Positivismus prophezeite die Bildung einer höheren Frauenrasse, die von der Schwangerschaft und Zeugung befreit sein werde. Die Kurtisane verwirklicht das Ideal des berühmten Bourgeoisphilosophen.

6 Der Verfasser des kapitalistischen Hohepriesters spielt ohne Zweifel auf jene Kinderfibel-Ökonomen hin, die, um zu beweisen, daß das *Kapital* von jeher existiert hat, behaupten, die Ameise werde dadurch, daß sie Vorräte anhäuft, Kapitalist.

7 Letzte Worte, d. h. Summe aller Erkenntnis.

8 Diese so treffende Prophezeiung der kapitalistischen Epoche steht in ›Werke und Tage‹ von *Hesiod*, einem griechischen Dichter, der etwa 800 Jahre vor unserer Zeitrechnung lebte.

9 Das *Pater noster* der Christen, redigiert von Bettlern und Vagabunden für arme Teufel, die beständig bis über die Ohren verschuldet waren, richtete an Gott die Bitte um die Erlösung von den *Schulden*: dimitte nobis *debita* nostra, sagt der lateinische Text. Als jedoch die Besitzenden und Wucherer sich zum Christentum bekehrten, stießen die Kirchenväter den ursprünglichen Text um und übersetzten unverfroren *debita* = *Schulden*, mit Schuld = Sünde. Tertullian, ein Kirchengelehrter und Großeigentümer, schrieb eine ganze Abhandlung über das Gebet des Herrn, um festzustellen, daß das Wort *Schulden* in dem Sinn von *Sünden* zu verstehen sei, die einzigen Schulden, welche den Christen erlassen werden. Die Religion des Kapitalismus, als ein Fortschritt gegenüber dem Katholizismus, muß nun die volle Bezahlung der Schulden verlangen, da der Kredit die Seele der kapitalistischen Betätigung ist.

Ein verkaufter Appetit

Anmerkung der Redaktion der ›Neuen Zeit‹, 1884:

»Mancher unserer Leser wird den humoristischen Ton vorliegender Satire mit dem sonst in der ›Neuen Zeit‹ angeschlagenen Ton nicht gut vereinbar finden. In Deutschland ist die Satire bisher stets als Stiefkind behandelt worden, während sie in anderen Ländern, wie heute namentlich in Frankreich und Rußland, als Mittel der Charakterisierung sozialer und politischer Zustände den ernsteren Arten der Behandlung derselben vollkommen ebenbürtig betrachtet wird. Die Satire ist aber nicht bloß charakteristisch für das Objekt, welches sie behandelt, sie ist auch charakteristisch für den Boden, dem sie entwachsen. So lehrt uns auch die vorliegende Satire französischen Geist und französische Art, die Dinge zu behandeln, ebenso gut kennen, wie gewisse soziale Zustände Frankreichs und ähnlicher Länder, besser, als es manche langatmige Untersuchung vermöchte. Möge sie aber auch zu der Überzeugung beitragen, daß der Chauvinismus nicht allen Schichten der französischen Gesellschaft eigen, daß in Frankreich die Selbstkritik mindestens ebenso eine Stätte findet, wie in Deutschland.«

1 Chevet ist ein großer Delikatessenhändler im Palais Royal in Paris. Der Übersetzer.

2 Véfour ist eines der größten Restaurants von Paris, im Palais Royal. Der Übersetzer.

3 Trompette war Gambettas Koch. Der Übersetzer.

4 Die Medaille, von der Léon G*** spricht, wurde in der Münze von Paris geprägt, zu Ehren des Restaurateurs Paul Brébant. Sie trug folgende Inschrift:

Auf der Vorderseite:

Pendant
le siège de Paris
quelques personnes ayant
coutume de se réunir chez Mr. Brébant
tous les quinze jours, ne se sont, pas une seule
fois aperçues qu'elles dinaient dans
une ville de deux millions
d'âmes assiégées.
1870-71.

Zu deutsch: ›Eine Anzahl von Personen, die gewohnt waren, sich alle vierzehn Tage bei Herrn Brébant zu versammeln, haben daselbst bei der Belagerung von Paris nicht ein einziges Mal gemerkt, daß sie in einer belagerten Stadt von zwei Millionen Einwohnern speisten. 1870-71.‹
Auf der Kehrseite stand:

A monsieur
Paul Brébant

Ernest Renan	Ch. Edmond
Paul de St. Victor	Thurot
M. Berthelot	J. Bertrand
Ch. Blanc	Marey
Scherer	Ed. de Goncourt
Dumesnil	Théophile Gauthier
A. Nefftzer	A. Hébrard.

5 Eine Armen- und Irrenanstalt bei Paris. Der Übersetzer.

6 Bouillabaisse ist eine Fischsuppe, Brandade gehackter Stockfisch mit Öl – zwei Marseiller Gerichte, welche Gambetta sehr liebte. Der Übersetzer.

Textnachweise

Die Satiren Lafargues sind den folgenden Veröffentlichungen entnommen:

Das Recht auf Faulheit, Sozialdemokratische Bibliothek, zweiter Band, Heft XIX, Hottingen-Zürich (Verlag der Volksbuchhandlung) 1887.
Dieser Text ist anhand des Originals ergänzt worden.

Die Religion des Kapitals, Sozialdemokratische Bibliothek, dritter Band, Heft XXXIV, London (German Cooperative Printing and Publishing Co.) 1890.

Ein verkaufter Appetit, Die Neue Zeit, zweiter Jahrgang, 1883-84.

Nachwort

Über Paul Lafargue und die Satire

I

Der Humor sagt viel, vielleicht alles über die Mentalität und den Charakter eines Menschen. Paul Lafargue war ein Polemiker und Pamphletist erster Ordnung und einer der phantasievollsten, leichtesten und lebendigsten Satiriker; gerade mit seinen Satiren betrat oder eroberte er ein Gebiet, das von anderen sozialistischen Autoren nicht häufig gesucht wurde. Lafargue liebte das Groteske, die Parodie, das Paradox, während der Zeitgeist des ausgehenden 19. Jahrhunderts das Ernste oder Pathetische bevorzugte, oder jenem bissigen Spott näherstand, den sein Schwiegervater Karl Marx in seine Werke einzustreuen pflegte.

Paul Lafargue wurde 1842 in Santiago de Cuba als einziges Kind einer Farmerfamilie geboren. Seine Vorfahren stammten aus allen Himmelsrichtungen. Der Großvater väterlicherseits, ein Franzose, war in den Wirren der Revolutionskämpfe von Santo Domingo verschwunden. Seine Frau, eine Mulattin der Insel, flüchtete während des Aufstands der Schwarzen nach Cuba. Dort wurde sie jedoch wie viele französische Emigranten ausgewiesen; sie ging mit ihrem Sohn, dem späteren Vater Lafargues, nach New Orleans und nach einiger Zeit wieder nach Santiago. Der Großvater mütterlicherseits, Abraham Armagnac, war ein französischer Jude, dessen Familie in Santo Domingo lebte und der eine karibische Indianerin heiratete. Wegen dieser Abstammung hat man Lafargue, den Nachfahren dreier unterdrückter Rassen, einen geborenen Internationalisten genannt.

Die Familie siedelte 1851 nach Frankreich, nach Bordeaux über. Dort und in Toulouse besuchte Paul Lafargue die Schule, bevor er in Paris Medizin studierte. Sein Interesse galt aber in erster Linie der Literatur und Philosophie sowie der revolutionären Bewegung gegen das Zweite Kaiserreich. Er schrieb für die Zeitung ›La Rive Gauche‹, die 1864 von einem etwas älteren Kommilitonen, dem späteren Journalisten und zweiten Schwiegersohn von Marx, Charles Longuet, gegründet worden war. Beide waren Anhänger Proudhons, aber das sollte sich nach der Bekanntschaft mit Marx bald ändern. Im Februar 1865 reist Lafargue nach London, um dem Generalrat der internationalen Arbeiterassoziation über die Lage in Frankreich zu berichten. Dort traf er zum ersten Mal auf Marx. Im Oktober 1865 brachte ihm die Teilnahme am ersten internationalen Studentenkongreß in Liège die Relegation von der Pariser Universität für zwei Jahre ein.

Um sein Studium fortzusetzen, siedelte er nach London über, wo die Beziehung zu Marx entstand und sich bald auf dessen Tochter Laura erweiterte. In einem Brief vom 7. August 1866 schrieb Marx an Friedrich Engels:

»Laura ist seit gestern halb versagt an Monsieur Lafargue, meinen medizinischen Kreolen. Sie behandelt ihn wie die andern, aber die Gemütsexzesse solcher Kreolen, etwas Furcht, daß der jeune homme (er ist 25 Jahre) sich umbringen würde usw., etwas Zuneigung für ihn, kalt wie immer bei Laura (er ist ein hübscher, intelligenter, energischer und gymnastisch entwickelter Bursche), haben mehr oder minder zu einem halben Kompromiß geführt. Der Junge attachierte sich erst an mich, übertrug aber bald die attraction vom Alten auf die Tochter.«

Marx machte sich, wie es sich für einen guten zukünftigen Schwiegervater gehörte, Sorgen um die finanziellen Verhältnisse des Aspiranten auf die Hand seiner Tochter; vor allem wollte er ihr die Not und die Sorgen ersparen, die seine Frau durchmachen mußte. Er stand der Ehe prinzipiell skeptisch gegenüber und hielt es für seinen größten Fehler, geheiratet zu haben. Laura war 1846 in Brüssel geboren, nachdem die Familie aus Frankreich ausgewiesen worden war; sie wuchs in England auf und hatte sich, dank der Bemühungen der Familie in bezug auf Schulbildung, Malstunden, Klavier- und Reitunterricht, zu einer echten englischen höheren Tochter entwickelt. Sie war die Schönheit des Hauses Marx, weswegen sie auch Kakadu genannt wurde. Paul Lafargue war jedoch nicht so reich, wie es die Familie vielleicht erhoffte.

Andererseits waren auch die Marxens, trotz des schönen Scheins, des Hauses und der Möblierung, die für notwendig gehalten wurden, um die Töchter vorteilhaft zu verheiraten, arm wie eine Kirchenmaus. In einem Brief schreibt Marx:

›Die Hauslieferanten sind drohend, und ein Teil hat den Kredit aufgekündigt und mit Gericht gedroht.
Diese Zustände um so fataler, als Lafargue fortwährend im Haus und der real state of things ihm ängstlich verborgen werden mußte.‹ Die Sorge, womit man die Lebensmittel bezahlen sollte, war in der Familie schon seit

Jahren an der Tagesordnung und führte zu Zerrüttung und Depression. In bezug auf das Geld waren sich beide Seiten, Lafargue und die Marxens, letztlich quitt, nur hätte man dieses Ergebnis auch etwas weniger verschlungen und kompliziert erreichen können, wenn nicht die Konvention gewesen wäre.

Die Hochzeit fand, wegen Geldsorgen aufgeschoben, schließlich im April 1868 statt, nach finanzieller Hilfe von Engels. Im Juli bestand Paul das medizinische Examen in London und arbeitete dort einige Wochen an einem Krankenhaus. Aber schon im Oktober ging er nach Paris, um die französischen Examina nachzuholen. In den nächsten Jahren wurden den Lafargues drei Kinder geboren, die aber jung starben. Enttäuscht von der Ohnmacht der Medizin und in der Überzeugung, daß die Heilkunst seiner Zeit nichts anderes als Scharlatanerie sei, gab Lafargue den Arztberuf schließlich auf; hinzu kam wohl auch, daß ihm Polemik und Politik mehr lagen.

Zu Beginn des deutsch-französischen Krieges 1870 wohnten die Lafargues noch in der Nähe von Paris. Dann zogen sie nach Bordeaux, wo Lafargue die Unterstützung für die Pariser Kommune organisieren wollte. Aber bald mußten sie vor der Polizei nach Spanien fliehen, wo Paul im August 1871 verhaftet wurde. Nach seiner Freilassung blieben die Lafargues ein Jahr in Spanien. Im September 1872 nahm Paul Lafargue am Kongreß der Internationale in Den Haag teil.

Danach, Ende 1872, kehrten Paul und Laura Lafargue nach London zurück. Dort blieben sie die nächsten zehn Jahre, ständig von Geldsorgen geplagt. Paul versuchte es mit einem Atelier für Photolithographie und

Gravur nach dem in England neuen Verfahren Gillot; aber dieser Ausflug ins Geschäftsleben schlug fehl. Laura verdiente durch Sprachunterricht dazu. Meist sorgte jedoch Engels dafür, daß sie finanziell über die Runden kamen. Bis zu seinem Tod erhielten die von Armut verfolgten Lafargues regelmäßig Schecks aus England.

Lafargue widmete sich nun ganz der politischen und propagandistischen Arbeit, übersetzte Auszüge von Engels Schrift ›Anti-Dühring‹ ins Französische und auch das ›Recht auf Faulheit‹ entstand in dieser Zeit. Er nahm wieder Kontakt nach Frankreich auf und organisierte zusammen mit Jules Guesde die erste französische Arbeiterpartei (die parti ouvrier français) deren Gründung auf einem Marseiller Parteitag von 1879 beschlossen worden war.

Erst im April 1882 kehrte Lafargue endgültig nach Frankreich zurück, nachdem er von seinen französischen Freunden lange zu diesem Schritt gedrängt worden war. Sie hatten ihm als materielle Grundlage eine Stelle als Angestellter bei einer Versicherungsfirma besorgt; aber die Agentur machte nach wenigen Monaten Pleite. So widmete er sich wieder seinen politischen und literarischen Angelegenheiten. In Frankreich organisierte er die französische Arbeiterpartei, sprach auf Versammlungen; Paul ist soviel unterwegs, um Vorträge zu halten, daß Laura ihn eine Zeit mit dem ewigen, umherirrenden Juden vergleicht. Und nicht zuletzt verteidigt er in ökonomischen Zeitschriften die Marxsche Mehrwerttheorie. 1889 eröffnete er den internationalen Sozialistenkongreß in Paris, an dem über

400 Delegierte aus 22 Ländern teilnahmen und der zum Gründungskongreß der Zweiten Internationale wurde.

Wegen seiner politischen Arbeit und unter der Anklage, er habe die Massen aufgewiegelt, landete er zweimal, 1883 und 1891, im Gefängnis von Sainte-Pélagie, Paris. Während der Haft 1891 wurde er bei den Nachwahlen in Lille als Abgeordneter ins Parlament gewählt und mußte freigelassen werden. Er errang diesen Sieg, obwohl er heftig attackiert wurde, einerseits wegen seiner Abstammung, aber auch als Schwiegersohn des ›Preußen‹ Marx sowie wegen seiner Schriften, besonders wegen des ›Rechts auf Faulheit‹. Engels schrieb an Sorge über Lafargues Tätigkeit während dieser Zeit als Abgeordneter in einem Brief vom 5. März 1892:

»In Frankreich geht's sehr gut. Lafargue benutzt seine Diäten und seinen Eisenbahnfreipaß, um das ganze Land zu bereisen von Lille bis Toulouse aufzuregen, und mit brillantem Erfolg.«

Bei den Wahlen im Herbst 1893 wird er allerdings ausgebootet. Er ist weiter in der Arbeiterpartei tätig, ab 1905 in der neuen parti socialiste unifié.

Nach dem Tod von Engels kauften die Lafargues von dem Erbteil ein Haus in Draveil, nahe Paris; sie konnten jetzt ihre Existenz auf sichere Füße stellen. Lafargue war zu einer Art Säulenheiliger der Partei geworden und nahm an allen Kongressen teil.

Im November 1911 schieden Paul und Laura Lafargue zusammen aus dem Leben, durch Gift. Lafargue wollte, wie er in seinem Testament mitteilte, sein Leben beenden, ›ehe ihm das unerbittliche Greisenalter die ihn der geistigen und körperlichen Kräfte beraubt, seine Energien lähmt und seinen Willen bricht, ihn zur Last für sich selbst und die andern macht‹. Franz Mehring schrieb einen Nachruf auf die Lafargues in der ›Neuen Zeit‹. Zu ihrer Beerdigung versammelten sich viele Größen der internationalen Arbeiterbewegung am Grab; Jean Jaurès, Karl Kautsky, Lenin, der eine Rede hielt, Alexandra Kollontai waren neben anderen anwesend.

II

In seinen Schriften verbreitete Lafargue mehr oder weniger die marxistische Sicht der Dinge. Manchmal allerdings war er nicht ganz auf Linie. Paul Lafargue war ein Querkopf mit gelegentlichen Sympathien für die Anarchisten, wenn diese von der Polizei verfolgt wurden, was den Schwiegervater einmal zu dem Stoßseufzer veranlaßte: »Lafargue ist in der Tat der letzte Schüler Bakunins, der ernstlich an ihn glaubt... Longuet als letzter Proudhonist und Lafargue als letzter Bakunist! que le diable les importe!« (Brief an Engels, 11. Nov. 1882). Dennoch war Lafargue im Frankreich seiner Zeit wahrscheinlich derjenige, der am besten über den Marxismus Bescheid wußte, den er aus erster Hand vermittelt bekommen hatte. In seinen ›Persönlichen Erinnerungen an Karl Marx‹ berichtet er darüber:

»Jahre hindurch begleitete ich ihn auf seinen abendlichen Spaziergängen nach Hampstead Heath; bei diesen Gängen durch die Wiesen erhielt ich durch ihn meine ökonomische Erziehung. Ohne es selbst zu bemerken, entwickelte er vor mir den Inhalt des ganzen ersten Bandes des ›Kapital‹, nach und nach, in dem Maße, wie er ihn damals schrieb.

Immer, wenn ich heimgekehrt war, schrieb ich, so gut ich konnte, das eben Gehörte nieder; im Anfang war es mir sehr schwer, dem tiefen und verwickelten Gedankengang von Marx zu folgen. Leider verlor ich diese kostbaren Notizen; nach der Kommune hat die Polizei meine Papiere in Paris und Bordeaux geplündert und gebrandschatzt. Hauptsächlich bedaure ich den Verlust jener Notizen, die ich mir an jenem Abend machte, als Marx mir mit jener Fülle von Beweisen und Reflexionen, die nur ihm eigen war, seine geniale Theorie von der Entwicklung der menschlichen Gesellschaft dargelegt hatte.

Es war, als zerrisse ein Schleier vor meinen Augen; zum ersten mal empfand ich klar die Logik der Weltgeschichte und konnte die dem Anschein nach so widerspruchsvollen Erscheinungen der Entwicklung der Gesellschaft und der Ideen auf ihre materiellen Ursachen zurückführen. Ich war davon wie geblendet, und jahrelang blieb mir dieser Eindruck.«

Die Schriften Paul Lafargues berühren ein außerordentlich großes Spektrum von Themen. Er schrieb Abhandlungen über die unterschiedlichsten Fragen, über die gesellschaftliche und religiöse Bedeutung der Beschneidung ebenso wie über die französische Sprache vor und nach der Revolution oder über den Getreidehandel in den Vereinigten Staaten. Andere Essays befassen sich mit Mythologie, mit Folklore und Bräuchen, wie den Hochzeitsliedern und Hochzeitszeremonien, oder mit Literaturkritik. Er schrieb auch eine größere

Anzahl von Broschüren zur Ideengeschichte, über die Idee der Gerechtigkeit, der Seele, der Gottesvorstellung, und eine Abhandlung über die Geschichte des Eigentums. Schmuckstücke besonderer Art sind seine Satiren: Das Recht auf Faulheit, Die Religion des Kapitals, Ein verkaufter Appetit, von denen das Recht auf Faulheit meist als sein Hauptwerk bezeichnet wird. Satire kritisiert durch Vereinfachung und Übertreibung, bestimmte Personen, Anschauungen oder Zustände. Sie gibt sie der Lächerlichkeit preis, wobei es keine Rolle spielt, in welcher literartischen Form die hinterhältige Attacke vorgetragen wird. Die Satire will einen Feind besiegen, aber nicht mit der Gewalt der Waffen, sondern indem sie ihn lächerlich macht und bloßstellt. Oft spricht sie nur eine Wahrheit offen aus, die niemand bei einiger Überlegung bestreiten würde, die aber doch so ungewohnt ist und den Vorurteilen so entgegenläuft, daß sie von der herrschenden Moral unterdrückt und zu einem Fall für die Zensur wird. Da die Satire einen Gegner hat, über den sie sich, mehr oder weniger durch die Blume gesprochen, mokiert, wird sie in aller Regel einige Personen verletzen, während sie den meisten durch ihren aufrührerischen Geist Freude bereiten will. Überraschung, Witz, Pointe; schließlich schlichte oder kompliziertere Schadenfreude. Mit dem Lachen, das sich einstellt, ist ein gefährliches Terrain erreicht, das zahlreichen Jüngern der Satire in alten Zeiten einiges Unbehagen, den Zorn der verspotteten und verlachten Mächtigen, Polizei und Gefängnis, wenn nicht Schlimmeres, eingebracht hat – es sei denn, sie ließen sich nicht erwischen. Voltaire war äußerst vorsichtig, was die Wahl seiner Wohnsitze betraf. Auch Heinrich

Heine wurde das »Reisen in deutschen Gauen schier verleidet«, denn »die Verhaftungsbefehle, die von der deutschen Grenze an, auf jeder Station, die Heimkehr des Dichters mit Sehnsucht erwarten, werden gehörig renoviert, jedes Jahr, um die heilige Weihnachtszeit, wenn an den Christbäumen die gemütlichen Lämpchen funkeln.«

Irgendwie hat die Satire immer getroffen, wenn sie auch selten so durchschlagend und triumphierend war, daß sich, wie es von dem alten Griechen Archilochus berichtet wird, der König allein aus Angst vor dem zu erwartenden Spott von selbst ins Jenseits begeben hat. Später hielten die Fürsten sicherheitshalber Hofnarren, Gaukler und Komödianten, um sich abzuhärten. Die erkannte Gefahr ist, wie das Sprichwort sagt, schon halb gebannt. Allerdings, Satiriker wären keine, wenn sie drastische Ergebnisse von ihren Polemiken erwarten würden. Alle Scharfzüngigkeit und aller Witz treffen erst mal auf eine Elefantenhaut. Aber immerhin hat der Satiriker den Überraschungseffekt auf seiner Seite; er kann sich sein Opfer in aller Ruhe aussuchen.

Das Verdienst, die Satire zuerst zur vollen Blüte entfaltet zu haben, können mit größtem Recht die Römer für sich beanspruchen, obschon auch bei den alten Griechen einige Spötter, Meister der Ironie, des Sarkasmus und Zynismus sich umhertrieben. Daher ist es nur gerecht, daß das Wort römischen Ursprungs ist: Satira oder satura bezeichnete eine gemischte Fruchtschüssel, die alljährlich den Göttern als Opfer gegeben wurde. Als ebenso bunte Mischung erschienen die ersten Produkte der lateinischen Satiriker. Das Wort ähnelt dabei verdächtig dem Namen jener Begleiter des griechischen

Weingottes Dionysos oder Bacchus, die als kleine, fast immer betrunkene Teufelchen für ihre Späße, Zügellosigkeiten und Lügengeschichten bekannt waren. Diese wilden Herden faunartiger, bockähnlicher Satyrn sollen zusammen mit ihren Begleiterinnen, den mit Thyrsosstab bewaffneten Mänaden, Orgien in den Bergwäldern veranstaltet haben. Das Konzept der italienischen Satire und die Erscheinung der griechischen Satyrn und Silene konnte man wohl irgendwann nicht mehr auseinanderhalten. Beide Vorstellungen vermischten sich zu einer ausgelassenen, aus bissigem Witz, Volkshumor und Aggressionsneigung zusammengesetzten Form von Literatur.

Die Vielseitigkeit des Schriftstellers Lafargue und sein Interesse an der Erforschung der Ideengeschichte zeigen sich auch in seinen Satiren oder halbironischen Pamphleten. Immer wieder greift er auf Ansichten und Äußerungen alter Autoren zurück und versucht so, seine Thesen zu untermauern. Satire war, besonders in Deutschland, zu seiner Zeit noch ein recht unterentwikkeltes und problematisches Vorhaben, wie man an den Vorreden der deutschen Herausgeber erkennen kann; sie glaubten, erst für sie werben zu müssen, entschuldigten sich förmlich für den ungewohnten Ton der Schriften und schreckten sogar nicht davor zurück, das Wort Satire sicherheitshalber hinter den Titel zu setzen. Die sozialdemokratischen deutschen Zeitungsleser um die Jahrhundertwende waren in seriösen Zeitungen anderes gewohnt, eher Parteitagsreden, neueste Mitteilungen aus dem Tierreich, Nachrichten über die letzten technischen Erfindungen und ähnliches, oft im pathetisch-erhabenen Stil mit recht deutlichen Zeigefingern.

Lafargues Satiren haben im Vergleich mit diesen Produkten bis heute kaum etwas von ihrem Biß und ihrer Kraft eingebüßt, wahrscheinlich, weil sie nicht bloß Ausdruck eines modischen Zeitgeistes sind. Nur wenige andere politische Satiren aus dem sozialistischen Milieu könnten wohl mit diesen Traktaten einen Vergleich aushalten. Meist bewegte sich Humoristisches auf der Ebene des Aphorismus, der Sentenz oder Anekdote. Typisch für Arbeiterzeitungen waren Spottverse, Glossen, fingierte Annoncen, Briefe und Kommentare. Selten entwickelte sich etwas zur ausgefeilten Form der Satire, wie sie bei Lafargue zu finden ist.

III

Das Recht auf Faulheit, le droit à la paresse, wie der französische Titel lautet, ist sicher Lafargues Hauptwerk, sein wichtigstes, originellstes und populärstes Buch. Oft wurde es als Meisterwerk der Satire bezeichnet und manchmal sogar als ein Exemplar Weltliteratur, wegen seiner psychologischen und literarischen Qualitäten. Es ist häufiger verlegt und in mehr Sprachen übersetzt worden als seine anderen Schriften. Zuerst erschien es in der Zeitschrift ›L'Egalité‹ von 1880, dann 1883 als Broschüre. Ausgaben in verschiedenen Sprachen häuften sich bald. Schon unter den Zaren wurde es auf russisch und polnisch veröffentlicht und in der Folge erschien es in fast allen europäischen Sprachen, jiddisch eingeschlossen. Die deutsche Ausgabe druckte zuerst die Zeitschrift ›Der Sozialdemokrat‹, 13. und 20. Dezember 1883 und 31. Januar 1884. Vor dem ersten

Weltkrieg war das Recht auf Faulheit vielleicht neben dem kommunistischen Manifest diejenige sozialistische Schrift, die in die meisten Sprachen übersetzt worden war.

Kaum eine andere Schrift formuliert den Gedanken von der Befreiung von fremdbestimmter Arbeit so klar und eindringlich. Die Besonderheit des Lafargueschen ›Rechts auf Faulheit‹ besteht darin, daß es weder in erster Linie die Herrschenden attackiert, noch die Schwachen von oben herab verspottet, sondern aus einersympathischen Perspektive aufschrecken will. Er will die Menschen, denen er vorwirft, sie seien der Arbeitssucht verfallen, nicht verletzen, aber er will sie in ihrem Innersten treffen und wenn möglich aus ihrem Arbeitstrott, aus der Bescheidenheit und Genügsamkeit, aus dem Versinken in der Melancholie des Alltags herausreißen. Er will wachrütteln, die versteinerten Verhältnisse zum Tanzen bringen.

Das ›Recht auf Faulheit‹ ist eine Kampfansage an die Anbetung der Arbeit, an das Arbeitsethos, an die Propaganda der Tugenden des Fleißes und der Entsagung, der Anpassung und Pflichterfüllung, die auch heute wieder von interessierter Seite unter die Leute gestreut werden wie Karamellen beim Karneval. Als ob um so lauter über fehlende Arbeitsmoral geklagt würde, je weniger Arbeit das System zu bieten hat. Aber an der Arbeitsmoral fehlt es leider nicht. Vor kurzem noch regte sich die Linke über Berufsverbote auf, als ob es das Erstrebenswerteste von der Welt sei, einer staatlich autorisierten Beschäftigung nachzugehen. Ähnlich wie heute mit Glaubenseifer der Segen des technischen Fortschritts gepredigt wird, so war auch das ausgehende 19.

Jahrhundert eine Zeit des Technikoptimismus und der Vergöttlichung der Industrie. Lafargue kannte die »ekelerregenden Loblieder auf den Gott Fortschritt, den ältesten Sohn der Arbeit« auch schon und wird nicht müde, gegen sie zu polemisieren.

Bei dieser philosophischen Einstellung zur Arbeit spielte vielleicht auch Lafargues spanisches Erbe mit; Théophile Gautier, ein beliebter Schriftsteller der Zeit, schrieb in seiner ›Reise in Andalusien‹ – Tra los montes – Voyage en Espagne:

»Sie nehmen sich Zeit zum Leben, was wir von uns nicht behaupten können. Die Spanier sehen nicht ein, daß man zuerst arbeiten muß, um sich danach auszuruhen. Sie machen's lieber umgekehrt, was ich viel vernünftiger finde.«

Lafarge selbst beruft sich auf die Spanier und führt das Sprichwort an: Descansar es salud – sich ausruhen ist gesund.

Die Wahl des Titels ist bewußt provokativ. Lafargue vermeidet die Begriffe, die sich sonst angeboten hätten: droit à l'oisiveté, à loisir, au délassement, au plaisir – Recht auf Muße, auf Freizeit, auf Erholung oder auf Freude. Recht auf Faulheit ist der bei weitem schockierendste Titel, ein richtiger Spießerschreck. Gegen Muße, Freizeit, Erholung oder Freude wird, sofern sie die Schaffenskraft stärken, der Liberale kaum Einwände erheben. Auf jedem zweiten Spielautomatenladen liest man heute ›Spaß muß sein‹. Aber Faulheit?

Auch in der Broschüre über die christliche Caritas – La Charité chretienne, zuerst erschienen 1904 – machte Lafargue der französischen Revolution zum Vorwurf, daß sie die Heiligen aus dem Kalender verbannt und die

Feiertage auf ein Minimum reduziert hat. Lohnarbeit, so ist Lafargues Überzeugung, bedeutet Erniedrigung, sie macht aus Menschen Waren und die ganze Gesellschaft zu einem filzigen Kramladen, sie ist eine Art Prostituion. Unter den Verhältnissen, wie sie sind, ist Arbeit ein Fluch, und er folgert, »daß Arbeit erst dann eine Würze der Vergnügungen der Faulheit« ist, wenn sie vernünftig geregelt und auf ein bestimmtes Maximum beschränkt wird. Unter ›weise geregelter und begrenzter Arbeit‹ verstand er maximal 3 Stunden täglich.

Lafargue stellt so die Forderung nach Arbeitszeitverkürzung der anderen nach einem Recht auf Arbeit entgegen. Es geht für ihn nicht darum, einen Arbeitsplatz zu erhalten, an dem man ausgebeutet wird, eine Arbeit zu erbetteln, bei der man sein potentiell freies Leben verschleudert. Die materiellen Möglichkeiten der heutigen Zeit zu verwirklichen, das heißt die notwendige Arbeit auf ein Minimum zu reduzieren, ist sein Ziel, das allerdings im krassen Gegensatz zur Bedürfnisproduktion durch die Werbung und dem damit verbundenen Zwang zu fortgesetzter sklavischer und verdummender Arbeit steht.

Indem er den Zwangscharakter der Arbeit, die Aufgabe der Freiheit in ihr festhält, schiebt er jeder Absicht den Riegel vor, die die Arbeit zu einer Form der Selbstverwirklichung uminterpretieren möchte. Vielleicht hätte Lafargue an dem heute viel diskutierten Mindesteinkommen, das von der Arbeit abgekoppelt ist, einigen Gefallen gefunden. Vielleicht würde ihm auch der Gedanke nicht fremd vorkommen, daß die rastlose Arbeit die natürlichen Lebensgrundlagen auf dieser Erde ruiniert. Jedenfalls gehört das Recht auf Faulheit absolut nicht zu jenen Schriften, die man besser in der sozialdemokratischen Klamottenkiste verstauben lassen sollte.

Mit diesem Ansatz bleibt Lafargues Polemik gegen die Arbeit auch ganz im Rahmen der marxistischen Absicht, die Notwendigkeit zur Arbeit abzuschaffen, damit die Menschen sich frei entfalten und ihre Anlagen entwickeln können. Marx schreibt an einer Stelle der ›Deutschen Ideologie‹, »daß es nicht darum gehe, die Arbeit zu befreien, sondern sie abzuschaffen«. Und im dritten Band des Kapitals wird ziemlich kategorisch festgestellt, daß das Reich der Freiheit erst dort beginnt, wo das Reich der Notwendigkeit und der Arbeit aufhört.

Maurice Dommanget hat in seiner interessanten Einleitung zum Recht auf Faulheit (Paris, 1970, Ed. Maspero) auf die unmittelbaren Quellen Lafargues hingewiesen. Es sind vor allem das Kapital von Marx und die Schrift Droit à l'oisiveté von Moreau-Christophe, die Lafargue für Zitate benutzt zu haben scheint; das letztere Buch, 1849 in Paris erschienen, besaß Marx, wodurch Lafargue es wahrscheinlich kennenlernte; es behandelt die Arbeitsperspektive der antiken Schriftsteller und enthält Zitate aus ihren Werken, die Lafargue besonders für den Anhang zum Recht auf Faulheit übernahm, ohne jedoch seine Quelle zu nennen.

In seinem Kampf mit der finsteren kalvinistischen Arbeitsethik zitiert Lafargue neben den erwähnten antiken Autoren, die die Arbeit wegen ihres Zwangscharakters verachteten oder die Faulheit priesen, auch Schriftsteller anderer Epochen. Sein Ideal liegt nahe bei der Abtei von Thélème, jener Quasiutopie eines der größten Spötter aller Zeiten, François Rabelais, über deren Pforte die Maxime zu lesen ist:

»Fais ce que voudras«, Tu, was du möchtest!

Er ruft die Lebenslust und den freien Sinnesgenuß der Renaissance ins Bewußtsein, ebenso wie die glückliche Existenz von Völkern, die noch mit der Natur verbunden sind und »Zigarren rauchend in der Sonne liegen«, statt Tag für Tag von morgens bis abends die stinkigen und lärmenden Fabrikhallen zu bevölkern und sich abzurackern.

Es gibt einige wenige andere Schriftsteller, die das Lob des Müßiggangs gesungen haben, natürlich jeweils auf ihre besondere Art. Zu ihnen gehört, in deutscher Zunge, sicherlich Friedrich Schlegels Idylle über die ›gottähnliche Kunst der Faulheit‹ in der Lucinde:

»O Müßiggang, Müßiggang! Du bist die Lebensluft der Unschuld und der Begeisterung; dich atmen die Seligen, und selig ist wer dich hat und hegt, du heiliges Kleinod! Einziges Fragment von Gottähnlichkeit, das uns noch aus dem Paradiese blieb! (...) Mit dem äußersten Unwillen dachte ich nun an die schlechten Menschen, welche den Schlaf vom Leben subtrahieren wollen. Sie haben wahrscheinlich nie geschlafen, und auch nie gelebt. Warum sind denn die Götter Götter, als weil sie mit Bewußtsein und Absicht nichts tun, weil sie das verstehen und Meister darin sind? Und wie streben die Dichter, die Weisen und die Heiligen auch darin den Göttern ähnlich zu werden! Wie wetteifern sie im Lobe der Einsamkeit, der Muße und einer liberalen Sorglosigkeit und Untätigkeit! (...) Nichts ist es, dieses leere unruhige Treiben, als eine nordische Unart und wirkt auch nichts als Langeweile, fremde und eigne. (...)

Denn der Fleiß und der Nutzen sind die Todesengel mit dem feurigen Schwert, welche dem Menschen die Rückkehr ins Paradies verwehren. Nur mit Gelassenheit und Sanftmut, in der heiligen Stille der echten Passivität kann man sich an sein ganzes Ich erinnern, und die Welt und das Leben anschauen (...) In der Tat, man sollte das Studium des Müßiggangs nicht so sträflich vernachlässigen, sondern es zur Kunst und Wissenschaft, ja zur Religion bilden! Um alles in Eins zu fassen: je göttlicher ein Mensch oder ein Werk des Menschen ist, je ähnlicher werden sie der Pflanze; diese ist unter allen Formen der Natur die sittlichste, und die schönste. Und also wäre ja das höchste vollendetste Leben nichts als ein *reines Vegetieren.*«

Oder man berufe sich auf Hermann Hesse, der in der ›Kunst des Müßiggangs‹ das süße Faulenzen, das dolce far niente der Süd- und Morgenländer besingt:

»Bei gar vielen von jenen Unzähligen, welche neuerdings wieder so müde und gläubig an die heimatliche Wiege der Menschheit und Kultur zurückpilgern und sich zu Füßen des großen Konfutse und des Laotse niederlassen, ist es einfach eine tiefe Sehnsucht nach jenem göttlichen Müßiggang, die sie treibt. Was ist der sorgenlösende Zauber des Bacchus und die süße, schläfernde Wollust des Haschisch gegen die abgrundtiefe Rast des Weltflüchtigen, der auf dem Grat eines Gebirges sitzend, den Kreislauf seines Schattens beobachtend und seine lauschende Seele an den stetigen, leisen, berauschenden Rhythmus der vorüberkreisenden Sonnen und Monde verliert? Bei uns, im armen Abendland, haben wir die Zeit in kleine und kleinste Teile zerissen, deren jeder noch den Wert einer Münze hat; dort aber fließt sie noch immer unzerstückelt in stetig flutender Woge, dem Durst einer Welt genügend, unerschöpflich, wie das Salz des Meeres und das Licht der Gestirne.«

IV

Sieben Jahre nach dem ›Recht auf Faulheit‹ erschien die ›Religion des Kapitals‹ (La Religion du capital, Paris 1887), Lafargues zweites großes satirisches Pamphlet, eine Parodie der christlichen Glaubensartikel. Die Namen der Personen, die Lafargue auftreten läßt, sagen dem heutigen Leser, von einigen Ausnahmen abgesehen, zwar kaum noch etwas. Aber sie sind typische Vertreter der Industrie, der Religion, der Wissenschaft und Kultur, die sich heute ohne große Mühe mit aktuellen Namen versehen ließen. An Wirtschaftsgeiern, die Politiker kaufen wie andere Leute ihre Brötchen, gibt es noch heute keinen Mangel, ebensowenig wie an spirituellen Rattenfängern. Die Namen wechseln schneller als die Dinge.

Auch diese Parodie, die ihren Witz aus der Verwandlung religiöser Floskeln fischt, hat ihre unerwarteten Verdienste. Man könnte sie als Kurzfassung des Marxschen Kapitals lesen, an dessen drei endlosen, schwer verdaulichen Bänden so mancher Einsichtsuchende verzweifelte. Und wieder erscheint das ›Recht auf Arbeit‹, das Lafargue das Recht auf Sklaverei nennt. »Arbeite, und Mangel und Elend werden deine treuen Begleiter sein.« Der Arbeiter muß auf das Eigentum an der Erde verzichten und sich ganz der Arbeit hingeben. Sollte ihn das Los der Arbeitslosigkeit treffen, so muß er sich schuldig fühlen. Nach dem Tod darf er dann die ewige Ruhe des Grabes genießen. Das sind die Rechte und Pflichten, die der auf der internationalen Konferenz des Kapitals ausgeheckte Katechismus des Arbeiters vorschreibt.

Vielleicht bedeutete die Religion Ende des letzten Jahrhunderts noch mehr als heute, vor allem in Frankreich. Auch der Sozialismus hatte ein reges Interesse am Christentum entwickelt, besonders an der urchristlichen Phase, die mit ihrem Gemeinschaftsbesitz und der Verachtung der Reichen kommunistischen Idealen entsprach. Lafargue spielt darauf an. Außerdem haben antiklerikal-blasphemische Schriften eine lange Tradition, die mit Namen wie Boccaccio oder Rabelais glänzen kann.

Interessant ist auch die These, daß der Luxus, die Raffinesse der Kurtisane das Moment gewesen sei, das die Manufakturen für höfische Luxusprodukte und damit den Kapitalismus hervorgebracht habe, ein Gedanke, den später Werner Sombart in seiner historischen Studie über das Mätressenwesen ›Liebe, Luxus und Kapitalismus‹ verfolgt hat.

In der dritten Galgenhumoreske, dem ›Verkauften Appetit‹, knöpft sich Paul Lafargue einen bekannten Politiker der Zeit, Léon Gambetta, vor, der auch schon im Recht auf Faulheit als Zielscheibe herhalten muß. Zwei menschliche Fähigkeiten waren noch nicht verkaufbar oder zu kaufen: Die Fähigkeit des Gebärens und das Verdauungsvermögen. Die erste dieser Fähigkeiten zumindest, deren Kommerzialisierung Lafargue vorhersah, ist mit der Leihmutter inzwischen zur Marktreife entwickelt.

Bibliographie Paul Lafargue
Eine Auswahl

In der Zeitschrift ›Die Neue Zeit‹ erschienen zwischen 1882 und 1912 die folgenden Schriften Lafargues:

Der kleine Grundbesitz in Frankreich.
Ein verkaufter Appetit (Satire).
Politische Korrespondenz aus Paris.
Das amerikanische Getreide, seine Produktion und sein Handel.
Der Getreidehandel in den Vereinigten Staaten.
Sapho (Rezension).
Das Mutterrecht – Studie über die Entstehung der Familie.
Hochzeitslieder und -bräuche – Studie über die Entstehung der Familie.
Das Proletariat der Handarbeit und Kopfarbeit.
Die Legende von Victor Hugo.
Boulanger und die französischen Sozialisten.
Die Beschneidung, ihre soziale und religiöse Bedeutung.
Der Ehebruch in Gegenwart und Vergangenheit.
Die Kriminalität in Frankreich 1840-86 – Untersuchung über ihre Entwicklung und ihr Wachsen.
Der Darwinismus auf der französischen Bühne.
Der Sozialismus in Frankreich.
Karl Marx, Persönliche Erinnerungen.
Der Boulangistische Zusammenbruch.
Die Kongresse von Lille und Calais.
Die jüngste Schwenkung des französischen Klerus.
Der Schuß Padlewskis.
Der Mythos von Adam und Eva, Beitrag zur vergleichenden Mythologie.
Der 1. Mai und der Stand der sozialistischen Bewegung in Frankreich.
Der allgemeine Streik der Pariser Omnibus- und Tramway-Bediensteten.
Der Prozeß von Fourmies.
›Das Geld‹ von Zola.
Der Streik von Carmaux.
Der Panama-Skandal.
Der Mythos von der unbefleckten Empfängnis, ein Beitrag zur vergleichenden Mythologie.
Zur Bevölkerungsfrage in Frankreich.
Die politischen Parteien in Frankreich und die letzten Wahlen.
Die Weinkrisis in Frankreich.
Der Klassenkampf in Frankreich.

Herrn Casimir Périers Präsidentschaft.
Der Bankrott der russischen Finanzen.
Die idealistische Geschichtsauffassung, Diskussion Jaurès – Lafargue.
Die Anfänge der Romantik; Kritische Studie über das Zeitalter der großen Revolution.
Die ökonomischen Funktionen der Börse, ein Beitrag zur Werttheorie.
Der Ursprung der abstrakten Ideen.
Der Ursprung der Ideen des Gerechten und Ungerechten.
Der Ursprung der Idee des Guten.
Karl Marx' historischer Materialismus.
Die christliche Liebestätigkeit.
Persönliche Erinnerungen an Friedrich Engels.
Die Ursachen des Gottglaubens.
Ökonomie, Naturwissenschaft und Mathematik.
Das Problem der Erkenntnis.
Ursprung und Entwicklung des Begriffs der Seele.
Die französiche Sprache vor und nach der französischen Revolution.

Sammelbände

Critiques littéraires. Introduction de Jean Freville, Paris (Editions sociales internationales) 1936.
Vom Ursprung der Ideen. Eine Auswahl seiner Schriften von 1886 bis 1900. Herausgegeben von Katharina Scheinfuß, mit einem Nachwort von Dieter Kaiser. Dresden (Verlag der Kunst) 1970.

Ausgaben des Rechts auf Faulheit

Das Recht auf Faulheit. Hottingen-Zürich (Volksbuchhandlung), 1887.
Das Recht auf Faulheit; Persönliche Erinnerungen an Karl Marx. Herausgegeben und eingeleitet von Iring Fetscher. Frankfurt a.M. 1966.
Le droit à la paresse. Presentation nouvelle de Maurice Dommanget. Paris (F. Maspero) 1970.

Briefe

Friedrich Engels / Paul et Laura Lafargue, Correspondance. Textes recueillis, annotés et présentés par Emile Bottigelli, T. 1-3, Paris 1956 und 1959.
Briefe von Marx und Engels an die Lafargues in den gesammelten Werken der Erstgenannten.
Die Töchter von Karl Marx. Unveröffentlichte Briefe; ediert von Olga Meier. Köln (Kiepenheuer und Witsch) 1981.

Über Paul Lafargue

Frank Mehring: Paul und Laura Lafargue, in ›Die Neue Zeit‹, XXX, 8. Dezember 1911.
Ruth Stolz: Paul Lafargue: »Einer der Begabtesten und Gründlichsten«, in: Beiträge zur Geschichte der Deutschen Arbeiterbewegung, 9. Jahrgang, 1967, Heft 1.
J. Maitron u.a.: Biographie Paul Lafargue, in: Dictionnaire biographique du mouvement ouvrier français; publiée sous la direction de Jean Maitron; tome VI, Paris 1969.
Raul Roa: Evocacion de Pablo Lafargue. La Habana/Cuba 1973.